Evandro Carvalho

O novo normal

Copyright© 2020 by Literare Books International
Todos os direitos desta edição são reservados à Literare Books International.

Presidente:
Mauricio Sita

Vice-presidente:
Alessandra Ksenhuck

Capa, diagramação e projeto gráfico:
Gabriel Uchima

Revisão:
Rodrigo Rainho

Diretora de projetos:
Gleide Santos

Diretora executiva:
Julyana Rosa

Diretor de marketing:
Horacio Corral

Relacionamento com o cliente:
Claudia Pires

Impressão:
Impressul

Dados Internacionais de Catalogação na Publicação (CIP)
(eDOC BRASIL, Belo Horizonte/MG)

C331n Carvalho, Evandro.
   O novo normal / Evandro Carvalho. – São Paulo, SP: Litrerare Books International, 2020.
   14 x 21 cm

   ISBN 978-65-86939-76-7

   1. Literatura de não-ficção. 2. Revolução digital. 3. Sociedade da informação. 4. Tecnologia e sociedade. I. Título.
   CDD 302.231

Elaborado por Maurício Amormino Júnior – CRB6/2422

Literare Books International
Rua Antônio Augusto Covello, 472 – Vila Mariana – São Paulo, SP.
CEP 01550-060
Fone: +55 (0**11) 2659-0968
site: www.literarebooks.com.br
e-mail: literare@literarebooks.com.br

Agradecimentos

Agradeço primeiramente a Deus, que me deu condições de realizar este grande sonho, e por dar-me a honra de poder ajudar as pessoas a entenderem este novo momento que estamos vivendo com a era tecnológica. Que este livro seja um despertar para que todas as pessoas entendam a necessidade de serem disruptivas e reinventem suas carreiras e negócios diante do cenário atual, que é altamente tecnológico, estando prontas para a revolução tecnológica que já se iniciou.

Agradeço também a minha esposa Roberta, pelo seu apoio e incentivo constantes em minha vida, dedico esta obra aos meus filhos Guilherme e Mariana, que são herança do Senhor, uma recompensa que Deus me deu.

Dedico também a minha mãe Lucinha, por todos os ensinamentos, por todo esforço e dedicação para que eu me tornasse o que sou hoje.

Prefácio

O livro descreve a ideia do Novo Normal, um conceito que afirma que agora estamos no meio da revolução digital. E, embora já tenhamos passado por muitas mudanças, o que temos pela frente é que será ainda mais desafiador. Nos últimos 25 anos, a tecnologia chegou às mãos dos consumidores. Nos próximos 25 anos, consumidores, jovens e idosos tornarão a tecnologia parte da vida cotidiana. O digital se tornou o Novo Normal, e isso terá um enorme impacto na maneira como as empresas organizam suas comunicações com os clientes e na forma como elas devem ser organizadas internamente. Em *O Novo Normal*, apresento as transformações tecnológicas que estão ocorrendo no mundo, qual é o impacto delas na sociedade, na relação com o emprego, e até mesmo como essas tecnologias exponenciais têm relação direta com as nossas vidas, pois no mundo digital não há barreiras, as organizações estão cada vez mais confrontadas pelos seus clientes e consumidores, que não toleram mais limitações em termos de preço, prazo, entrega, privacidade, conveniência e inteligência. Várias novas regras serão aplicadas no Novo Normal. Os consumidores esperam obter acesso à *Internet* a qualquer hora, em qualquer lugar. *Internet* e conectividade serão tão onipresentes quanto a eletricidade. Os consumidores exigirão o atendimento de suas necessidades de informações instantaneamente. O efeito sobre as empresas será tremendo, agora terão que lidar com a "economia da experiência", os clientes exigirão interação com os provedores de serviços e produtos em suas condições. Eles esperam que a experiência do usuário digital seja fácil e interessante. Toda interação com um cliente deve ser vista como um momento único para o relacionamento com o cliente. Os departamentos de TI também terão que adotar uma nova maneira de trabalhar. Eles terão que reagir com mais flexibilidade às demandas do lado comercial da empresa. Este livro é uma leitura interessante para qualquer pessoa que esteja preocupada com o seu futuro, o futuro da sua empresa, pois todos nós seremos atingidos pela revolução digital. Muitas profissões que existem hoje vão sucumbir, enquanto muitas outras vão surgir. No novo normal, já é possível ver robôs realizando serviços antes feitos apenas por nós, seres humanos. O livro é um despertar para sociedade, pois os robôs serão capazes de realizar quase tudo, segundo o futurista Ray Kurzweil. Em 2045, um único computador será mais inteligente que toda a humanidade junta, porém não há nenhum indício de que esses computadores vão se tornar conscientes, eles não vão poder sentir, e se é isso que vai nos diferenciar dos robôs, nós precisamos começar a desenvolver mais nossas habilidades comportamentais e nossa consciência, estamos cada vez mais preocupados em desenvolver nosso externo e esquecendo de olhar para dentro de nós para tratar nossas *skills* internas. Desejo que este livro seja um despertar para os leitores e abra um mundo de possibilidades para nossas realizações pessoais e profissionais.

Sumário

Introdução 9

Uma reflexão sobre o futuro do trabalho 13

Os benefícios das novas tecnologias 19

O que vai acontecer com o mundo nos próximos anos? 23

Como a inteligência artificial irá transformar nossas vidas 29

O que o futuro da inteligência artificial nos reserva 33

As trilhas profissionais da IA 35

Adapte-se ou morra 39

Tecnologias exponenciais 41

Os 6 D's da tecnologia exponencial 43

Transformações do futuro da vida conectada até 2038 45

As previsões da Singularity University até 2038 53

Processo evolutivo 59

Reskilling e upskilling: nunca foram tão necessários 69

Lifelong learning - educação continuada 73

As 10 habilidades do profissional do futuro 77

O profissional do futuro 191

As profissões que estarão em alta nos próximos anos 193

Conclusão 195

Introdução

A diferença entre humano e máquina está diminuindo. O mundo está mudando cada vez mais rápido como consequência de um desenvolvimento tecnológico acelerado. Uma nova era de alianças homem-máquina está no horizonte. Na próxima década, tudo à nossa volta se tornará mais inteligente, comunicativo e conectado. Novos tipos de redes, dispositivos, interfaces e inteligências artificiais nos ajudarão a aumentar, aprimorar e otimizar nossas vidas. De veículos autônomos a casas inteligentes e cidades digitais, não viveremos apenas com nossas máquinas, mas, em vez disso, trabalharemos em parceria com essas máquinas e dispositivos. Nós vamos evoluir nossas habilidades para programar nossas vidas em busca de estabilidade e resiliência, para superar nossas próprias limitações. Ao longo do caminho, também, sem dúvida, lidaremos com consequências não intencionais, de possíveis ameaças à privacidade e segurança a novos tipos de dependência digital. No entanto, essa é a única maneira de garantir que estaremos inseridos no futuro. A tecnologia permite uma vida melhor e mais inteligente para todos e atinge seu verdadeiro potencial para nos impulsionar. O progresso é pensar sistematicamente sobre o que o futuro reserva e depois tomar melhores decisões no presente. O objetivo deste livro é despertar você, leitor, para essa nova onda tecnológica que estamos vivendo e também provocar *insights* que levem à ação, rumo ao futuro. As tecnologias emergentes, as mudanças e os principais dilemas apresentados nestas páginas anseiam por um despertar da sociedade, pois aquele que demorar a entender que este é um caminho sem volta poderá sofrer sérias consequências.

Diariamente, empresas de todo o mundo investem pesado em inovação, com o objetivo de criar respostas para as demandas do mercado, as novas tecnologias fazem parte desse processo, mas é importante ressaltar que, mais do que abrir novas e diferentes oportunidades de negócios, elas irão proporcionar uma verdadeira revolução na sociedade, no nosso modo de agir, de fazer e de pensar, possibilitando ações que antes eram impensáveis e melhorando a qualidade de vida das pessoas. Para ter provas desse fenômeno, basta observar o comportamento social, os instrumentos de trabalho, os novos meios de comunicação e aprendizado, todos são diferentes do que eram há alguns anos atrás, e parte dessa evolução é resultado do desenvolvimento tecnológico, com a chegada da *Internet*, o acesso a uma infinidade de conteúdos foi facilitado, proporcionando uma enorme independência na busca por informações e/ou até mesmo proporcionando uma nova maneira de comprar os mais variados itens disponíveis na *Internet*. Hoje é possível, por exemplo, comprar em um grande *market place* dando apenas um clique, basta que você cadastre seus dados e, após efetuar o *login* no fornecedor, basta identificar o produto de um clique para efetuar a compra, tudo para facilitar o pagamento e criar uma experiência positiva entre cliente e fornecedor, todo o processo realizado com agilidade e segurança. Todas essas possibilidades só foram possíveis devido aos avanços tecnológicos, e isso é apenas o início, com bilhões de pessoas conectadas em tempo real em uma rede global de informações, é cada vez mais comum uma disseminação quase instantânea de novas ideias e inovações. Agora, combine essa conexão com um mundo globalizado onde não existem mais barreiras, com a mudança de valores e atitudes da sociedade e os avanços exponenciais da tecnologia, e está claro que a próxima década está se configurando como uma transformação histórica. E aqui temos uma decisão a ser tomada; ou entendemos esse novo mundo cheio de complexidade e nuances, e orientamos nossas vidas, carreiras e negócios para aproveitarmos ao máximo as oportunidades já trazidas por essa onda de inovação tecnológica, como protagonistas das nossas vidas, ou vamos esperar tudo acontecer olhando como meros espectadores.

Uma reflexão sobre o futuro do trabalho

Já passou pela sua cabeça em algum momento que podemos perder nossos empregos para um robô? Com a tecnologia avançando rapidamente, num mundo em constante mudança, isso já não é tão absurdo e totalmente possível de acontecer em algumas profissões, mas não precisa se apavorar, muitas profissões e empregos vão desaparecer nos próximos anos, porém muitas outras vão surgir. Nesse cenário global de contínua transformação, a evolução dessas tecnologias trouxe facilidades ao nosso dia a dia, velocidade nas comunicações, democratização das informações e também muitas variáveis novas, processos de constantes transformações que vêm remodelando nossos comportamentos, interações, interdependência entre tantos outros benefícios e cada vez mais em ciclos de reciclagem tecnológica menores.

A tecnologia está mudando o mundo e nos levando para um lugar ainda desconhecido, nos próximos anos a inteligência artificial e as impressoras 3D vão excluir milhares de pessoas do mercado de trabalho, e esse é um problema de escala global que vai afetar a economia de todos os países, se por um lado já existe um movimento para esse assunto, me assusta ver que a maioria das pessoas não faz ideia do tamanho dessa ruptura tecnológica que está para acontecer, e aqui eu não estou falando de algo que está para acontecer daqui a 100 ou 200 anos, estou falando de uma mudança que já começou e que vai se intensificar nos próximos 10 a 20 anos, a substituição do emprego por robôs e *softwares* tem sido tema de diversas pesquisas ao redor do mundo, e uma delas, da Universidade de Oxford, que diz que em 20 anos 47% dos empregos terão desaparecido, e aqui a pesquisa revela que não só operadores de *telemarketing*, corretores, cobradores de ônibus, motoristas, pasmem, professores, médicos e advogados também vão precisar se adequar ao uso da tecnologia como aliada nas suas profissões, para que não fiquem ultrapassados e obsoletos. Como exemplo, cito a revolução que o *software* Watson, da IBM, está trazendo ao campo da medicina; antes os médicos chegavam a um diagnóstico mais complexo através de RX Simples e RX com contraste, no final dos anos 70, os médicos começaram a ter a sua disposição a tomografia, que já foi um enorme salto, agora com a Inteligência Artificial do IBM Watson, um médico conseguirá cruzar o banco de dados do sistema com os dados do paciente, chegando a um diagnóstico mais preciso, inclusive indicando o tratamento mais eficaz; já no campo das disputas judiciais, mais de 60 milhões de desacordos comerciais nos EUA já são resolvidos com disputas judiciais *on-line*, ou seja, Inteligência Artificial em vez de advogados e juízes.

A evolução tecnológica trouxe solução para velhos problemas e novas perspectivas com infinitas possibilidades, podemos observar como a capacidade humana de produção progrediu de forma intensa nos últimos 100 anos. Porém trouxe novas questões e novos paradigmas.

A imensa força dessas transformações vem impactando diretamente a sociedade e o mercado de trabalho, mudanças que resultam em profundas alterações econômicas que redistribuem o poder e a riqueza influenciam modelos de negócios, que provocam escassez de recursos, afetando todos os setores ao redor do mundo.

Joseph Alois Schumpeter (1883-1950), economista e cientista político austríaco, considerado um dos mais importantes economistas da primeira metade do século XX, foi um dos primeiros a considerar a inovação tecnológica como motor do desenvolvimento humano e capitalista. Schumpeter descreve o processo onde as inovações mais recentes substituem as inovações mais antigas como "destruição criativa".

A questão é que a velocidade das mudanças está se tornando exponencial, exigindo que as organizações tenham que se adaptar rapidamente e responder às demandas do ambiente de negócios, ou seja, necessitam ter agilidade nas reconfigurações e remodelagens das estratégias, produtos, estruturas, processos e constante desenvolvimento de pessoas, para manter sua geração de valor sustentável. As organizações buscam utilizar-se das novas tecnologias para alcançar diferenciais competitivos, elevando a eficiência e inovação, expandir sua produtividade, redesenhar a forma como se relacionam com seu consumidor e colaboradores.

Dentro desses ambientes com pensamento digital, as organizações caminham para um "modelo de organização adhocrática", que é um termo criado por Warren Bennis para definir um sistema que é temporário, adaptável e flexível, organizado em torno de problemas a serem resolvidos por grupos de pessoas com habilidades e profissões diversas e complementares.

Características de uma adhocracia:
» Elevado grau de descentralização;
» Equipes de trabalho autônomas e temporárias;
» Equipes multidisciplinares;
» Estrutura organizacional orgânica;
» Forte presença de alta especialização.

Porém os impactos das mudanças são profundos, remodelando e inovando continuamente as relações de trabalho, na mesma velocidade e intensidade que a inovação tecnológica avança. As organizações estão sentindo a pressão sobre sua força de trabalho, que claramente não tem as habilidades e competências que precisam para um futuro próximo. Hoje, as organizações já estão sentindo dificuldade para encontrar um talento necessário para expandir seus negócios. Segundo o Fórum Econômico Mundial, em seu relatório de 2019, a falta de profissionais qualificados é uma das barreiras à adoção de novas tecnologias, impactando diretamente a competitividade e geração de valor sustentável.

A ampliação na utilização de novas tecnologias também trouxe o efeito colateral do desemprego estrutural: a substituição da mão de obra por equipamentos autônomos, principalmente nas atividades laborais repetitivas, resultou em um desequilíbrio entre a demanda e a oferta de profissionais no mercado, ou seja, profissionais que possuem experiência e uma atividade em obsolescência, não tendo habilidades ou atributos necessários para migrar de imediato para outra atividade emergente, que sem uma profunda reciclagem profissional vão ficando à margem do mercado. Segundo o IPEA, em pesquisa em 2019, a cada 10 brasileiros que procuram trabalho, 8 já não conseguem emprego por falta de qualificação adequada. A expectativa média de requalificação de trabalhadores nas empresas até 2022 é nada menos que 54%, segundo o Fórum Econômico Mundial, torna-se então uma prioridade de sobrevivência dos negócios e da economia dar-se o primeiro passo a uma urgente ação de Upskilling[1] e Reskilling[2] da força de trabalho, incluindo principalmente o mindset das lideranças.

Mais à frente, falaremos sobre as principais habilidades que serão necessárias para os profissionais a partir de 2020.

O fato mais gritante desse cenário é que o modelo educacional que nos trouxe até aqui não será o que nos levará para o futuro. É uma crescente preocupação quanto às perdas de postos de trabalho e à escassez de pessoas preparadas. Será necessário um esforço proativo e um despertar da sociedade como um todo, governo, organizações, trabalhadores, empreendedores, para gerir o complexo, dinâmico e contínuo processo de requalificação

---

[1] Capacidade de aprender novas competências para se manter atualizado, devido às mudanças das habilidades necessárias, ou adicionamento de novas habilidades e competências para progressão na carreira.

[2] Capacidade de aprender um conjunto de novas habilidades e competências para a transição ao papel completamente novo.

e melhoria da mão de obra nos próximos anos, diante da ágil e acelerada evolução tecnológica.

Diante dessa nova economia em constante evolução, muitas novas profissões e empregos vão surgir, segundo pesquisa do Fórum Econômico Mundial, 65% das crianças que estão no ensino médio hoje vão trabalhar em uma profissão e uma função que ainda não existem, aqui ficam algumas perguntas que espero respondê-las com a leitura deste livro: como? É o que vamos estudar nas escolas e universidades? Como vamos nos preparar para esse mundo que não sabemos ainda como vai ser?

Os benefícios das novas tecnologias

Os benefícios que as novas tecnologias geram são inúmeros e se estendem a cada um dos setores sociais, desde a área empresarial até a área da saúde. Para ilustrar melhor, pense nas competições paraolímpicas, atletas com diferentes deficiências conseguem ter uma vida normal, praticar esportes e participar de grandes competições, conquistando inclusive resultados comparados aos de um atleta sem necessidades especiais. É o caso do alemão Markus Renhm, cuja perna foi amputada na adolescência após um acidente de barco. Em 2015, ele conseguiu a marca de 8,40m no salto em distância, utilizando uma prótese de fibra de carbono.

A boa notícia é que essa tecnologia não fica restrita apenas aos esportistas, pois existem tipos de prótese adaptados ao estilo de vida de cada pessoa, assim ela pode andar, pular e correr normalmente, realizando movimentos cada vez mais precisos, e o mais importante: ela volta a participar das atividades sociais.

Em relação à educação, podemos retomar a importância da *Internet* para o acesso ao conhecimento, quando se pensa em sala de aula, essa pode ser uma boa aliada, desse modo educadores estão cada vez mais desenvolvendo estratégias de ensino com aplicativos e *softwares*, tornando a aprendizagem dinâmica e mais divertida. *Tablets* e *smartphones* são aparelhos que também facilitam o ensino a distância por meio do *e-learning*, quebrando as antigas barreiras geográficas para o acesso à educação.

Um dos grandes destaques atuais são as tecnologias de comunicação e as redes sociais, elas têm revolucionado a troca de informações entre as pessoas, impactando diretamente o comportamento delas em aspectos pessoais e profissionais, o contato está mais rápido, fácil e acessível de modo que fazer reuniões com participantes que estão em cidades diferentes, por exemplo, não é mais um problema, tudo pode ser realizado instantaneamente em poucos cliques. Além disso, focando mais no ramo dos negócios, a gestão empresarial está cada vez mais simplificada e de fácil compreensão, o desenvolvimento de *softwares* hospedados na nuvem, por exemplo, permite armazenar e administrar dados importantes, ajudando os gestores a ter um maior controle. Já no campo do *marketing*, a inteligência artificial tem sido um grande diferencial nas empresas que fazem uso, pois consegue prever o comportamento do consumidor, ofertando ao cliente recomendações personalizadas de acordo com o perfil de cada consumidor, e também evoluiu muito com reconhecimento de fala e automação no atendimento ao cliente, podemos citar como um dos grandes *cases* do mercado de inteligência artificial a Bia do Bradesco, um *chatbot* desenvolvido para oferecer atendimento imediato às respostas dos clientes. Criada a partir da plataforma de computação cognitiva Watson, em parceria com a IBM, a inteligência artificial utilizada na BIA funciona com base no comportamento do usuário.

Esses são apenas alguns exemplos de como as novas tecnologias ajudam na qualidade de vida das pessoas, nos próximos anos cada vez mais as empresas estarão investindo em inovação na busca por soluções criativas, a fim de aprimorar produtos ou serviços ou mesmo perceber novas oportunidades para atender às carências ainda não atendidas pelo mercado. Agora, no entanto, cabe a nós acompanharmos o ritmo acelerado do surgimento dessas novas tecnologias, para que possamos manter nossa empregabilidade junto ao mercado.

O que vai acontecer com o mundo nos próximos anos?

"Tudo ficará obsoleto cada vez mais rápido". Vivemos numa época em que as coisas ficam obsoletas cada vez mais rápido, não só produtos ou serviços desaparecem e são substituídos por outros, mas indústrias inteiras estão sendo devoradas por novas formas mais eficientes de trabalho, o maior exemplo disso são os produtos eletrônicos, quando comprávamos um computador, câmera digital ou celular, no mês seguinte, se fôssemos olhar, já havia um modelo superior, mais avançado e praticamente pelo mesmo preço. Quem não viveu isso?

O mesmo ocorreu no setor de serviços, a evolução das telecomunicações pode ser tomada como exemplo, o telefone, por volta dos anos 80, era considerado um bem de luxo e poucos tinham condições de ter um, recordo-me de que na minha família tínhamos um telefone que alugávamos por um salário mínimo mensal. Já imaginou ter que pagar um salário mínimo para ter acesso ao telefone, e também pagar a conta, que era caríssima, se precisasse ligar para outro país para se comunicar com um parente? Era uma angústia, muitas famílias só conseguiam fazer uma única ligação por mês por causa do alto custo. Hoje, se contarmos isso aos jovens, todos irão rir! Parece até piada.

Agora, porém, a mudança é muito mais profunda, *smartphones*, redes sociais, nuvem, *big data* e várias outras inovações foram importantíssimas para a sociedade, no entanto, todas essas tecnologias eram desenvolvidas de modo isolado, hoje, porém, já estão sendo facilmente agrupadas e convergidas, produzindo soluções que vão muito além de transformar produtos ou serviços, elas na verdade transformam modelos de negócios inteiros, dizimam indústrias do dia para a noite, substituem um jeito de trabalhar por outro, atingem em cheio a sociedade e transformam setores inteiros da economia, que funcionavam da mesma forma por décadas, até serem desafiados por empreendedores de "garagem", dispostos a romper com o sedentarismo de certas indústrias por meio da criação de novas alternativas melhores e mais eficientes.

Um outro fator que vai ao encontro de toda essa onda é que as pessoas têm aceitado as inovações muito mais rapidamente. Depois de inventada a eletricidade, demorou 46 anos para ser adotada por pelo menos 25% da população norte-americana, foram necessários 35 anos para adotar o telefone, 31 para o rádio, 26 para a televisão, 16 para o computador, 13 para o celular e apenas 7 para *Internet*.

Assim, a tecnologia, aliada ao empreendedorismo e a uma rápida curva de adoção, forma uma combinação explosiva que afeta os tradicionais setores da economia, transformando modelos de negócios inteiros e acelerando o envelhecimento das coisas. A chave para lidar com toda essa mudança não depende só de buscar novas oportunidades, mais do que nunca vai depender da nossa habilidade de enxergar o mundo com outros olhos, a não subestimar tudo que pode ser realizado através da tecnologia e passar a ver potencial nas coisas mais malucas que existem, enfim, precisaremos estar um passo à frente para acompanhar essa evolução e surfar essa onda.

Inteligência Artificial - um mundo em mudança

Antes de falar o que é inteligência artificial, vamos definir o que vem a ser inteligência humana, para melhor compreendermos.

O que é inteligência?

1. Faculdade de conhecer, compreender e aprender.
2. Capacidade de compreender, resolver novos problemas e conflitos, e adaptar-se a novas situações.
3. Conjunto de funções psíquicas e psicofisiológicas que contribuem para o conhecimento, para compreensão da natureza das coisas e do significado dos fatos.
4. Modo de interpretar, de julgar, interpretação, juízo.

O que é inteligência artificial?

1. É um ramo da ciência da computação focado na criação de máquinas capazes de pensar e aprender, com base em suas experiências.

2. É a inteligência similar à humana exibida por mecanismos e *software*.
3. É a tecnologia que tem a capacidade de fazer coisas que nós, humanos, fazemos e fazíamos quase que com exclusividade.

```
Quadro comparativo
Inteligência Humana   x
Inteligência Artificial:
```

Inteligência Humana	Inteligência Artificial
Compreender contexto	Visão computacional e segmentação visual semântica
Extrair informações relevantes de uma conversa	Processamento de linguagem natural
Planejar e otimizar	Planejamento em IA
Falar	Geração de voz artificial
Interagir	*Chatbot*
Responder adequadamente a um problema	Sistemas especialistas
Gerar frases e história	Geração de linguagem natural
Reconhecer pessoas e objetos	Reconhecimento facial e de outros objetos
Negociar	Algoritmos de otimização
Aprender padrões	Aprendizagem de máquina
Seguir regras estabelecidas	*Robotic Process Automation* - RPA

Sistemas com inteligência artificial

» **Aprendem** - com cada dado, interação e resultado, eles desenvolvem e aperfeiçoam a expertise, e assim nunca deixam de aprender.

» **Entendem** - sistemas de inteligência artificial entendem imagens, sons, linguagem e outros dados não estruturados, como nós humanos fazemos.

» **Interagem** - com habilidade para enxergar, falar e ouvir, a inteligência artificial interage com humanos de forma natural.

» **Raciocinam** - A inteligência artificial pode raciocinar, compreender conceitos subjacentes e inserir e extrair ideias.

Nasce uma nova parceria entre humanos e máquinas

Inteligência Artificial	Humanos
Eliminar vieses	Senso comum com muitos vieses
Linguagem natural	Ética e moral
Localizar conhecimento	Imaginação, abstração e sonhos
Identificação de padrões	Empatia e compaixão
Aprendizagem de máquina	Dilemas
Prover uma capacidade ilimitada	Generalização

Como a inteligência artificial irá transformar nossas vidas

A inteligência artificial saiu da tela dos cinemas e das páginas literárias de ficção científica para fazer parte de nossas vidas. Há anos jogamos *videogame* com "máquinas" e, com a ajuda delas, vivemos em um mundo em que diferentes idiomas não são mais uma barreira para nos conectarmos a outras pessoas e culturas.

Em cerca de meio século, a ideia inicial pouco delineada de criar uma máquina capaz de pensar como ser humano tomou forma. Ela está presente em nosso dia a dia, com algumas implicações inovadoras. Paradoxalmente, essas novidades têm gerado certo medo e muitas reflexões: qual será nosso papel se a inteligência artificial nos superar? Por que trabalhar, se as máquinas poderão fazer tudo e melhor do que nós?

À medida que as soluções de IA continuarem a surgir, o ritmo da mudança continuará a acelerar, podemos imaginar cenários positivos de um futuro cheio de riquezas e abundância, em que máquinas fazem todo o trabalho pesado, bem como os cenários negativos, nos quais o desemprego aumenta devido à falta de competências, em várias atividades nós seres humanos seremos liberados para exercer funções de pensamento crítico, criatividade, criação de relacionamentos e conexões significativas entre nós mesmos, à medida que a IA desenvolver mais tarefas técnicas, nós daremos uma ênfase maior para as situações que só nós humanos podemos fazer, como: amor, compaixão, empatia e compreensão.

Estamos na infância da inteligência artificial

A ideia de uma inteligência artificial surgiu nos anos 50, quando cientistas, matemáticos e filósofos pioneiros passaram a imaginar um avanço: uma máquina tão complexa que pudesse mimetizar a capacidade de pensamento, reflexão e tomada de decisões de um ser humano.

Nas décadas seguintes, a computação foi ficando cada vez mais acessível. O primeiro microcomputador e as ferramentas de programação permitiram um novo tipo de interação entre homens e máquinas, impactando para sempre em nossa relação com elas.

Mas foi só a partir de 1990 que a inteligência artificial passou a alcançar grandes feitos. O ano de 1997 é um marco: foi quando o *Deep Blue*, da IBM, derrotou em uma partida de xadrez o então campeão mundial Garry Kasparov.

Grande parte disso se deu pela crescente capacidade de processamento de dados dos computadores. Nos últimos anos, passamos a viver na era do *big data*, em que o limite de armazenamento praticamente deixou de existir, o que dá ainda mais possibilidades de aplicação da inteligência artificial.

Diante desse cenário, temos um grande desafio no futuro. De um lado, existe a visão apocalíptica de que as máquinas vão tomar conta de tudo, de outro, um ponto de vista otimista, como o compartilhado pelo inventor e futurista Ray Kurzweil. "A inteligência artificial não vai nos substituir, mas nos melhorar", afirmou ele. Esse *upgrade* em nós parece bem promissor. Talvez, em breve, conheçamos humanos 2.0.

Futuro? A inteligência artificial já está presente entre nós

O Google é um dos grandes responsáveis por tornar esse tipo de recurso acessível ao público. Sua ferramenta de tradução tinha suporte a apenas dois idiomas em 2006. Atualmente, são mais de 100 línguas – isso graças à inteligência artificial.

Em breve, seu celular pode se tornar aquele amigo que entende de arte e conversa com você em uma exposição. No ano passado, o Watson, da IBM, se transformou em uma espécie de "guia virtual" na Pinacoteca de São Paulo, contando a história e respondendo a perguntas sobre obras de arte expostas no museu. Tudo isso em linguagem natural, como se fosse uma conversa com o computador, e não uma simples pesquisa sem graça.

Os avanços não param por aí. Pesquisadores da Universidade da Carolina do Norte, em Chapel Hill, e da Escola de Medicina da Universidade de Washington conseguiram desenvolver um algoritmo capaz de analisar imagens de atividade cerebral e identificar padrões para prever autismo em bebês.

Uma das subsidiárias da Alphabet, *holding* que controla o Google e as demais empresas que se originaram dele, também conseguiu fazer com que computadores detectassem riscos cardíacos a partir do escaneamento e análise do olho dos pacientes. Seu cardiologista agradece. Sua saúde também.

Não sei se você reparou, mas, de cara, já podemos vislumbrar um futuro transformador para a medicina. Imagine um mundo em que erros em diagnósticos médicos, com a ajuda da tecnologia, tenderão a zero.

O que o futuro da inteligência artificial nos reserva

Se o presente já parece impregnado de ares futuristas, o que será de nosso futuro, então? As possibilidades para a inteligência artificial parecem ser ilimitadas neste momento. Mas a velocidade de desenvolvimento desses algoritmos e sistemas inteligentes tende a crescer exponencialmente.

Uma das tendências que indica isso é o uso das próprias máquinas para ensinarem umas às outras. Isso acontece, por exemplo, com a função de piloto automático do Model S, da Tesla, lançado em outubro de 2015. A cada interferência do motorista, a inteligência artificial aprendia como fazer retornos e curvas, e compartilhava a descoberta com outros veículos. Em poucas semanas, os proprietários e motoristas puderam perceber melhorias significativas no sistema de direção semiautônoma.

Pouco a pouco, as máquinas parecem estar conquistando terrenos que antes pertenciam a nós, humanos. Xadrez, jogos de tabuleiro, diagnóstico, tradução e interpretação de textos. Será que ainda seremos necessários quando a inteligência artificial estiver suficientemente desenvolvida para nos superar em toda a racionalidade? O próprio Elon Musk, CEO da Tesla e um dos maiores inovadores da história, vislumbra a possibilidade de um apocalipse causado pela inteligência artificial.

Sim, nós continuaremos sendo necessários. A criatividade ainda é nosso território por excelência. Como argumenta o guru de tecnologia Kevin Kelly, um dos fundadores da revista *Wired*, existem muitas inteligências diferentes, e os computadores só conseguem imitar algumas delas.

Kelly acredita que a inteligência artificial estará cada vez mais presente em funções que demandam eficiência. Só que isso não é tudo: artes, ciências e relações humanas são todas pautadas pela "ineficiência". Grande parte das descobertas se dá por tentativa e erro.

Nossa loucura pode ser o que falta à lógica superdesenvolvida das máquinas. Poderemos complementar a racionalidade extrema da inteligência artificial para, juntos, construirmos nosso futuro.

Por que devemos utilizar a IA?

As evoluções tecnológicas transformam a sociedade, alterando nosso dia a dia, a forma como nos comunicamos, a forma como fazemos as coisas. A tecnologia vem para apoiar o homem, mostrando que homem e máquina não precisam divergir, porém precisamos entender que a tecnologia irá mudar a relação que temos com o trabalho, irá mudar a maneira com que realizamos nosso trabalho, e aqueles profissionais que conseguirem entender isso mais rápido vão se sobressair no mercado, a tecnologia vai conectar praticamente com todas as profissões existentes, oferecendo várias ferramentas, às vezes utilizamos e nem sabemos que estamos usando.

As trilhas profissionais da IA

Para entendermos esse contexto, abaixo vou trazer alguns *insights* sobre como poderemos trabalhar com a Inteligência Artificial.

» **Usuários** – utilizam a tecnologia para potencializar sua profissão e seus resultados.

» **Desenvolvedores** – desenvolvem *softwares* e aplicativos para facilitar os processos organizacionais.

» **Cientista de dados** – com a era digital, surge essa nova profissão, o cientista de dados é responsável por analisar dados econômicos, financeiros e sociais estruturados e não estruturados, visando detectar padrões, extrair conhecimento a fim de fornecer dados que facilitem na tomada de decisões.

Para simplificar o entendimento, vou me deter aqui apenas no modo "Usuário", e para isso vou trazer três profissões como exemplo.

Um novo contexto para as profissões

Advogados

Em um estudo histórico, 20 advogados dos EUA, com experiência em Direito Corporativo e revisão de contratos, foram confrontados com a IA (Lawgeex) para identificar questões jurídicas em contratos. A pesquisa foi realizada com a contribuição de acadêmicos, cientistas de dados e especialistas em Direito, e foi supervisionada por um advogado consultor independente.

Resultado

A Inteligência Artificial bate 20 advogados em testes de revisão de contratos.

	Inteligência artificial	Média dos 20 advogados
Assertividade	94%	85%
Tempo	26 segundos	92 minutos

Aqui, estamos diante de um cenário em que a tecnologia ultrapassa a assertividade humana e, com um fator de tempo infinitamente menor, logo os advogados precisam repensar suas carreiras, podem ganhar agilidade em seus processos com o uso da IA, e ainda resolver o maior problema na área de Justiça do Brasil, que é justamente o tempo de demora nos processos. Com isso, muda o papel do advogado, que passará a ter mais tempo para pensar de forma mais estratégica, na linha de argumentação, na defesa ou acusação de cada processo.

Médicos

O setor de saúde está evoluindo rapidamente com grande volume de dados e desafios crescentes. A Dada fez um sistema para diagnosticar câncer de mama, também foram realizados testes comparativos com a inteligência artificial, desafiando 6 radiologistas.

Resultado

A inteligência artificial reduz os erros de falsos positivos e falsos negativos na identificação do câncer de mama.

Redução de falsos positivos	-5,7% – EUA
Redução de falsos negativos	-9,4% – EUA

	Inteligência artificial	Média dos 6 radiologistas
Assertividade	94,4%	86%

Ou seja, ela reduziu a possibilidade de erro nos "falsos positivos", que é quando o médico faz o diagnóstico que o paciente está com câncer, sendo que, na verdade, não está. E também reduziu os "falsos negativos", que é quando o médico faz o diagnóstico que o paciente não está com câncer e, na verdade, está.

Com isso, o papel do médico muda, pois se tem acesso a um sistema capaz de diagnosticar com muito mais precisão, ele passa apenas a procurar a estratégia de cura mais assertiva para o paciente.

Marketing

A inteligência artificial pode compreender comportamentos e interesses melhor que os "melhores marqueteiros", cito o exemplo da Netflix, que através do uso da IA consegue detectar o que o consumidor está querendo assistir e cria imagens personalizadas para atender às necessidades de cada consumidor, ou seja, o mesmo filme traz várias imagens diferentes, como: suspense, romance e nostalgia, entre outros, sendo que essas imagens aparecem na tela de acordo com o perfil de cada consumidor.

Ela consegue lançar a campanha e testar em tempo real se está tendo alcance ou não, bem diferente do modelo ultrapassado de se fazer campanhas, em que primeiro se lançava para somente depois de um determinado tempo saber se iria ter resultado ou não. Os profissionais que usarem essas ferramentas vão estar em um patamar igual ou melhor do que aqueles que não usam?

Adapte-se ou morra...

Diante desse cenário de tecnologia, onde as pessoas estão cada vez mais dependentes de seus *smartphones*, e realizando muitas tarefas através deles, desde uma transação bancária até mesmo um pedido de comida, durante o momento que estou escrevendo este livro o mundo está sofrendo com a pandemia da Covid-19 e passa por uma enorme transformação devido à grande necessidade do isolamento social, o que acaba acelerando o processo de avanço tecnológico, e isso está causando um enorme impacto na economia, e estamos presenciando várias empresas avessas ao uso da tecnologia sucumbirem, enquanto outras que já navegam nessas águas tiram proveito desse momento apocalíptico que estamos passando, e ao mesmo tempo algumas empresas e organizações conseguem se adaptar de forma proativa às mais recentes tecnologias, a grande maioria das empresas demora para se transformar, muitas teimam em achar que são infalíveis, outras até tentam, mas são impedidas de implementar mudanças devido à sua burocracia interna, que impede uma mudança rápida, e há ainda aquelas que simplesmente não agem e ficam para trás.

A tecnologia traz à tona a real possibilidade de qualquer pequeno empreendedor que tenha um DNA disruptivo a ultrapassar as grandes corporações. Empreendedores descompromissados com as amarras e a burocracia da indústria não só desafiam empresas centenárias, mas também segmentos inteiros da economia de modelos de negócios tradicionais que funcionam da mesma forma há anos.

> » Não adiantou taxistas ao redor do mundo protestarem, reclamarem, o Uber se consolidou e mudou completamente o transporte urbano nas cidades ao ponto dos usuários não se imaginarem mais sem essa tecnologia. Não adiantou a rede hoteleira tentar se proteger ou criar bloqueios via governo, o Airbnb é hoje a maior rede de hospedagem do mundo.
> » O Google veio e dominou o mercado de publicidade, e mudou completamente a maneira de fazer propaganda.
> » O modelo de negócio do YouTube abalou as mídias tradicionais de TV, pois tem o poder de fornecer anúncios mais assertivos, de acordo com o perfil do consumidor para determinado produto.

Assim, sempre que uma tecnologia ou solução é aceita pela sociedade, não há como voltar atrás. Quem dita o mercado não são mais as empresas, são os consumidores, se um modelo de negócio é visto e percebido como melhor que outro, paciência!!! Sindicatos vão chiar, indústrias vão e às vezes vão ser até dizimadas, mas todos esses movimentos gerados pelo desespero de ver setores inteiros da economia desaparecerem serão em vão, quando um produto ou serviço evolui, é só questão de tempo até ser substituído por outro.

> "Numa revolução, as vantagens competitivas caem por terra, é uma nova corrida com novas regras."

Tecnologias exponenciais

Essa é uma das principais palavras do vocabulário dos empreendedores da nova economia. São termos e expressões que você precisa saber: seja para conhecer as novas ferramentas que vão impulsionar seus negócios ou para ajudar a falar a mesma língua de mentores e investidores.

O verbete de hoje é... exponencialidade.

Exponencialidade (em inglês, é mais comum o uso da expressão *exponential growth*), em um contexto tecnológico, é o termo utilizado para definir a velocidade ultra-acelerada com que as tecnologias têm evoluído nas últimas décadas e o efeito que causam na sociedade. Para tanto, utiliza-se o conceito matemático de "função exponencial" – que, exposta em um gráfico, permite o estudo de situações que se enquadram em uma curva de crescimento ou decrescimento. No caso da exponencialidade tecnológica, a curva (exponencial) sobe cada vez mais rápido e de forma impactante.

Para se ter ideia, basta pegar um ponto nessa curva não muito distante, como o começo dos anos 2000. Naquela época, a *Internet* já tinha 10 anos, mas a conexão ainda era discada e usava-se disquete para salvar arquivos do computador. Hoje, apenas 17 anos depois, já existem conexões de *Internet* em TBPS (Terabytes – trilhão de *bytes* – por segundo) e é possível salvar arquivos na nuvem – o que era improvável há pouco tempo, agora é até palpável. E segue assim: no futuro, será possível implantar o aparelho celular no cérebro. E esse futuro é daqui a seis anos disponível no mercado, porque a tecnologia já existe.

Um ponto importante sobre exponencialidade é justamente seu oposto, a linearidade. No gráfico, enquanto a curva exponencial se projeta para cima e muito rapidamente, a linear é reta e estável – assim como o funcionamento do cérebro humano. Uma frase de Ray Kurzweill resume bem a ideia:

> Nossa intuição sobre o futuro é linear. Mas a realidade da tecnologia da informação é exponencial e isso tem uma diferença profunda. Se dou 30 passos linearmente, são 30 passos. Se dou 30 passos exponencialmente, são bilhões de passos.

Os 6 D's da tecnologia exponencial

Em seu livro *Abundância, o futuro é melhor do que você imagina*, o empreendedor Peter Diamandis difundiu um conceito que define as principais características desse tipo de tecnologia, os 6 Ds:

Digitalização

Uma tecnologia que costumava existir apenas no meio físico e digitalizada e, assim, adquire potencial exponencial. Ex. Fotografias.

Decepção

Quando uma tecnologia é digitalizada, vem a fase da decepção, ou seja, a fase em que nada está ocorrendo e ela não está evoluindo como esperado. Mas isso não é verdade, o que acontece é que o crescimento é pequeno, tanto que nem parece estar acontecendo, imagine a sequência de números 0,1 - 0,2 - 0,4 - 0,8 - 0,16... para um observador desatento, o crescimento é desprezível, menor do que zero, mas na verdade os números estão dobrando.

Disrupção

O passo seguinte da tecnologia exponencial é a disrupção, que é quando uma tecnologia emergente tem a capacidade de criar um mercado inteiramente novo e abalar um preexistente. Um bom exemplo disso é a Netflix, que praticamente acabou com as locadoras de vídeo.

Desmaterialização

Depois que uma tecnologia se torna disruptiva, ela perde sua existência material e passa a ser digital, isto é, produtos que antes demandavam a existência de uma grande indústria e somavam volumosos recursos para serem produzidos agora cabem, literalmente, no nosso bolso, como máquinas fotográficas, fitas K7, *discman*.

Desmonetização

O próximo passo é a redução ou a extinção de custos em serviços que antes alimentavam indústrias milionárias ou até bilionárias, elas são desmonetizadas, conforme as tecnologias vão ficando mais baratas e acessíveis, os serviços vão ganhando a mesma lógica, hoje, por exemplo, não precisamos pagar para fazer uma série de atividades, o *streaming* e os diversos aplicativos gratuitos com as mais variadas funções são um bom exemplo.

Democratização

É quando a tecnologia em questão começa a ter um impacto direto no mundo, um serviço digitalizado e barato passa a ser acessível para grandes quantidades de pessoas e adquire escala global. E assim a realidade como conhecemos começa a mudar. Como exemplo, posso citar Netflix e Spotify.

Transformações do futuro da vida conectada até 2038

Å medida que nos tornamos mais conectados às nossas máquinas, haverá mudanças profundas em nossas vidas diárias. Nossos corpos, casas e cidades já estão ficando carregados com sensores, interconectados por redes invisíveis, e imbuídos de inteligência artificial que vive nas margens das redes. Em breve, todo momento, interação e escolha em tempo real serão pontos de dados. Dados de alta resolução sobre todos os aspectos de nossas vidas alimentarão uma grande quantidade de algoritmos de aprendizado de máquina que conduzem uma orquestra de inteligência artificial, pronta para agir em nosso nome e executar nossos próprios desejos. A realidade será indexável, armazenável, pesquisável e, até certo ponto, programável, nas próximas linhas a seguir peço que me deixe estimular a pensar lá na frente, visualize o futuro de cabeça aberta, observe os inúmeros negócios e oportunidades que vão aparecer e tantos outros que vão sumir, a seguir apresento dez inovações em curso que vão revolucionar a sua vida para sempre, vão causar enormes impactos tanto na nossa vida como na economia mundial, afetando vários setores econômicos.

As 10 inovações em curso que vão revolucionar nossa vida para sempre

1 - Adiamento da morte

A Calico é uma empresa de biotecnologia do Google, ela trabalha para restaurar a vitalidade humana, combater doenças relacionadas ao envelhecimento e prolongar nossa vida. A expectativa é estender a idade em 50% e fazer homens e mulheres ultrapassarem os 120 anos. Imagine o impacto disso nos planos de aposentadoria, previdência privada, nas relações de trabalho e na sociedade como um todo. Em 1900, a expectativa não passava dos 40 anos. Hoje, segundo o IBGE, ela já passa dos 76 no Brasil. No futuro, viveremos ainda mais.

2 - Carros elétricos

Automóveis elétricos já são realidade em vários lugares do mundo, eu tive a oportunidade de conhecer os carros da Tesla em Nova York, por sinal, já é muito comum vê-los nas ruas e também recarregando em frente às casas, pense no impacto que isso trará à matriz energética, que é toda baseada no petróleo, nas refinarias, nos postos de combustíveis, na indústria que suporta os veículos a combustão. As grandes empresas já estão atentas a esse movimento, tanto que a BMW já anunciou que a partir de 2025 só fará carros elétricos, a Toyota planeja vender veículos a gasolina até 2050, a Ford também já lançou três modelos de carros elétricos no salão do automóvel de Frankfurt de 2019. A Tesla, maior sensação automotiva no momento, só produz veículos a bateria, e lidera esse mercado em plena expansão.

3 - Carros sem motorista

Esse projeto é revolucionário e impactará bilhões de pessoas, na verdade ele já é uma realidade, no Vale do Silício anda pelas ruas nos dias de hoje, são drásticas as mudanças que isso causará na vida de todos, motoristas de aplicativo ou taxistas deixarão de existir, pois o carro andará sozinho, os preços das corridas serão reduzidos, pois não haverá necessidade de pagar pelo serviço humano. O usuário pagará apenas pelo carro, que será uma *commodity*, assim as pessoas serão desestimuladas a comprar seu próprio automóvel, pois o gasto com a mobilidade será mínimo, imagine o impacto disso para as montadoras? Isso também será uma bomba para as seguradoras, pois os acidentes entre os automóveis serão mínimos, estacionamentos perderão importância. No Brasil, a Volvo já iniciou os testes de caminhão autônomo numa fazenda de cana no Paraná. Nesse veículo, o motorista permanece dentro do caminhão, mas não interfere nos movimentos. Veja quantas indústrias serão impactadas apenas para esse avanço. Quantos modelos de negócios e profissões que deixarão de existir. Quantos novos mercados serão criados, você pode até achar isso tudo loucura, impensável, mas décadas atrás ninguém imaginava que os computadores iriam mudar nossas vidas, que através dos *smartphones* nós poderíamos pagar contas, ter acesso à mobilidade urbana, a GPS como Waze e Google Maps.

4 - Drones para transportar humanos

Drone é um veículo aéreo não tripulado que é controlado remotamente para realizar inúmeras tarefas. Se você acha o carro autônomo impensável, saiba que já existem *drones* que transportam pessoas. Ou seja, veículos aéreos autônomos que podem levá-lo de um lugar para outro rapidamente. Já existem várias empresas trabalhando nesse projeto, como Google, Uber, que aposta no seu projeto Uberair, que já inicia os testes em 2020 e pretende iniciar as operações em 2023.

5 - Impressoras 3D

Hoje, a impressão 3D ocupa o mesmo espaço que os computadores pessoais ocupavam na metade do século passado. Ou seja, ela fornece um conjunto aparentemente ilimitado de oportunidades, muitas ainda nem sequer contempladas. Estamos à beira de uma grande transformação na maneira como os produtos são concebidos e produzidos. Atualmente, é preciso uma equipe de inúmeros profissionais para criar protótipos, além de uma enorme estrutura de produção para fabricar e levar um produto ao mercado. Com uma impressora 3D, no entanto, um indivíduo pode ter em mãos um protótipo que antes demorava dias ou até meses para ficar pronto, em poucas horas, sem precisar de matrizes ou moldes caríssimos. É visto que os materiais de impressão estão cada vez mais acessíveis, será possível testar e refazer os protótipos, quantas vezes for necessário.

O que antes levava meses e exigia vários profissionais, agora será feito em poucas horas por um só indivíduo. Indo mais além, as impressoras 3D podem ser tornar um item tão caseiro e essencial como a televisão ou o computador, em vez de comprar produtos, os consumidores poderão fazer o *download* dos modelos e imprimir os produtos em casa. Imagine o impacto disso na economia? Uma vez que estará mudando os padrões de produção, distribuição e consumo mundial de mercadorias, no futuro, os produtos podem deixar de ser transportados, apenas as matérias primas serão. Um outro viés que as impressoras 3D trazem é a impressão de órgãos. Imagine se alguém precisar de um fígado, por exemplo, impressoras fabricarão o órgão que será transplantado. Isso será possível usando células tronco modificadas com o próprio DNA do paciente, proporcionando um suprimento inesgotável de órgãos sem nenhum risco de rejeição. Hoje, já é possível produzir ossos, músculos e estruturas de cartilagem, já foram impressos, por exemplo, orelha, vasos sanguíneos e tecidos cardíacos, por mais impensável que isso seja, tente enxergar quanto a humanidade será impactada e quantas vidas poderão ser salvas.

6 - Mapeamento genético

Hoje, já existe uma empresa chamada 23andMe, que usa a saliva para informar se você possui o gene ligado ao Mal de Alzheimer ou ao câncer de mama. E por mais que os EUA tenham barrado várias vezes a comercialização desse teste, isso mostra como a genética está avançada. No futuro, será comum realizar o sequenciamento gratuito do DNA e o diagnóstico precoce de doenças terminais. As pessoas poderão modificar seus genes e prevenir o desenvolvimento desses males.

7 - Democratização da energia

Você sabia que em apenas uma hora o sol libera sobre a Terra uma quantidade de energia superior ao consumo global do ano todo? E que painéis solares cobrindo uma área do tamanho da Espanha seriam suficientes para fornecer energia ao planeta inteiro? A empresa Semtive desenvolveu um minigerador, que usa placas solares e uma turbina eólica, capazes de fornecer eletricidade suficiente para manter uma casa durante algumas horas. O aperfeiçoamento dessa tecnologia permitirá que uma pessoa produza a própria energia que consome. No entanto, essa história vai mais além, as pessoas que produzirem a sua energia vão também compartilhá-la, assim como são compartilhados dados da *Internet*. A democratização da energia transformará profundamente as relações humanas, impactando na maneira de conduzir negócios, governar sociedades e educar crianças.

8 - Internet global

O projeto Loon, desenvolvido pelo Google, vai oferecer acesso à *Internet* gratuito para todas as pessoas do mundo. Esse projeto utilizará uma rede de balões que flutuam pelo espaço, que darão acesso à *Internet* para pessoas isoladas em áreas rurais e remotas. Assim, em pouco tempo, haverá *Internet* global em massa conectando nações, comunidades, empresas e pessoas. Isso vai acelerar ainda mais o acesso em tempo real a tudo.

9 - Inteligência artificial e robótica

A inteligência artificial ultrapassará a inteligência humana e será incorporada em quase tudo, de casas a hospitais, a robótica estará unida digital e fisicamente às pessoas. Pacientes, por exemplo, poderão ser tratados em qualquer lugar do mundo, pois cirurgiões robôs vão operar de modo remoto. A medicina dará um salto de qualidade e jamais será a mesma.

É impossível listar a quantidade de áreas impactadas por isso, assistentes robóticos poderão realizar qualquer tarefa e serão capazes de substituir diversos profissionais. A Baker & Hostetler, um escritório global de advocacia, colocou um robô para resolver em segundos os casos jurídicos mais básicos, justamente aqueles que advogados iniciantes pegam e demoram para solucionar. A Rede Hilton de Hotéis está testando em várias unidades um robô *concierge* capaz de responder inúmeras dúvidas dos hóspedes, como dicas de restaurantes e atrações turísticas. Como vimos nos exemplos, a inteligência artificial vai estar presente em quase todos setores da economia.

10 - Dinheiro do futuro

Criado em 2009, o *Bitcoin* é um sistema de pagamentos *on-line* que independe de qualquer autoridade central. Essa moeda digital pode ser transferida entre as pessoas sem a necessidade de uma instituição financeira ou órgão emissor centralizado. Hoje, já é possível utilizá-la para comprar praticamente tudo. Não são só serviços *on-line*, como muita gente pensa, mas também produtos tangíveis da economia real. Empresas sólidas como Victoria's Secret, Dell, Amazon, Tesla e a rede de lanchonetes Subway, além de uma infinidade de outros lugares, aceitam *Bitcoins*.

Como qualquer tecnologia revolucionária, muita gente já afirmou em diversas ocasiões que o projeto está morto. Muitos não acreditam que ele avançará. Contudo, sua adoção só expande. Dezenas de outras moedas similares também foram criadas. E independentemente de qual delas será escolhida como padrão, seu impacto é incalculável.

Diante disso, autoridades econômicas poderão perder importância. Moedas perderão valor. A indústria de cartão de crédito será reinventada. Bem como todo o mercado de transferência de dinheiro, hoje liderado pela gigante Western Union, ou seja, tudo será bem diferente do que você está acostumado desde que nasceu. É claro que a completa adoção de todas essas novidades vai levar algum tempo, mas seus benefícios as tornarão indispensáveis em nossas vidas. Assim como acontece em qualquer revolução tecnológica, quem planejar com antecedência vai prosperar. Quem insistir em tecnologias antigas tende a desaparecer.

As previsões da Singularity University até 2038

A Singularity University é uma universidade que foge do comum, foi fundada em 2009 por Peter Diamandis, importante engenheiro e empreendedor norte-americano, e por Ray Kurzweil, inventor, um dos maiores gurus de inteligência artificial e diretor de engenharia do Google, entre as empresas apoiadoras da instituição estão o próprio Google, além de Nokia, Kauffman e Cisco. Dentre as muitas particularidades, a Universidade fica dentro de uma base de pesquisa da Nasa, no Vale do Silício, o mais conhecido centro mundial de inovação na Califórnia, nos Estados Unidos da América, além disso, o nome "Singularity" foi inspirado no livro *The singularity is near*, de Ray Kurzweil, que aborda o acelerado desenvolvimento vivenciado pelas áreas de ciência e tecnologia.

2020

» A inteligência artificial com emoções se incorporará em interfaces de conversa. Será socialmente aceitável falar com a Alexa ou a Siri, por exemplo, e ela responderá.

- » *Drones* e equipamentos de realidade virtual muito mais acessíveis e comuns no dia a dia. Robôs inteligentes já automatizam diversas tarefas manuais e começam a extinguir diversos empregos.
- » A *Internet* 5G entrega velocidade de conexão de 10 a 100 gigabytes para dispositivos móveis ao redor do mundo.
- » Diagnósticos baseados em IA e recomendações terapêuticas serão usadas na maioria dos centros médicos americanos.
- » *Drones* para transporte de humanos entram em testes em algumas cidades.

2022

- » Impressoras 3D conseguem imprimir roupas e materiais para modelagem de casas e prédios.
- » Carros autônomos entram em operação nos EUA e em alguns países.
- » Robôs domésticos se tornam normais em lares de renda média, capazes de fazer leitura labial, reconhecimento fácil e gestos com clareza.
- » Robôs conversam naturalmente e atuam como recepcionistas e assistentes de lojas e escritórios.

2024

- » As primeiras missões privadas a Marte serão lançadas.
- » O número de voos de *drones* diários chega a 10.000.000.
- » *Drones* já entregam pacotes e comidas rotineiramente em prédios

e casas, robôs de superfície fazem entrega de porta em porta.
- » Os primeiros contratos de energia solar eólica de "um centavo por Kwh" são fechados.
- » As vendas de veículos elétricos ganham grande representação no mercado automobilístico.
- » Lidar com inteligência artificial aumentada será considerado um requisito para a maioria dos empregos.

2026

- » A posse de carros sai de moda, e os veículos autônomos ganham grande escala.
- » 100.000 pessoas transitam em *drones* para humanos nas maiores cidades do mundo, como Los Angeles, Nova York, Tóquio e São Paulo.
- » A agricultura vertical se torna vital para a produção de comida na maioria das grandes megacidades.
- » 8 bilhões de pessoas já conectam à *Internet* em velocidade de 500 mbps.
- » *Tablets* nas regiões mais pobres do mundo se tornam disponíveis para uso em troca de dados e direitos de *e-commerce*.
- » A realidade virtual se torna onipresente, os pais constantemente reclamam que seus filhos estão em outro universo.

2028

- » A energia solar eólica representa quase 100% do consumo mundial.

- » A demanda mundial por petróleo chegou ao seu auge e parece começar a decrescer.
- » Robôs terão relações reais com pessoas, dando suporte a idosos, cuidando da higiene pessoal e preparação de alimentos.
- » Robôs para relações íntimas passam a ser populares.

2030

- » A inteligência passa no teste de Turing, o que significa que a máquina pode alcançar e superar a inteligência humana em todas as áreas.
- » Os mais ricos têm acesso ao que se traduz "velocidade de escape da longevidade", aumentando a expectativa de vida.
- » Agências de inteligência confirmam que mensagens armazenadas e seguras enviadas entre 1990 e 2029 foram "desencriptadas" com sucesso.
- » Emissões de gás carbônico caem mais rápido a cada ano.
- » Será assinado um plano global de emissão zero de gás carbônico até 2050.

2032

- » A maioria dos profissionais humanos teve alguma modificação cortical, como coprocessadores e comunicação *web* em tempo real.
- » Robôs são comuns em todos os locais de trabalho, eliminando todo trabalho manual e interações repetitivas.

» Robôs avatares se tornam populares, permitindo que qualquer um possa teletransportar sua consciência para lugares remotos de qualquer lugar do mundo.

2034

» Empresas como Kernel fazem conexões significativas entre o córtex humano e a nuvem.
» Muitos problemas mundiais são resolvidos, como câncer e fome.
» A IA consegue solucionar problemas científicos complexos que requerem alto nível de realidade aumentada para entendimento.

2036

» Tratamentos para longevidade se tornam disponíveis rotineiramente, estendendo a vida das pessoas em 30 a 40 anos.
» Cidades inteligentes escalam globalmente, são eficientes em utilizar energia solar, produzir e distribuir alimentos, oferecer segurança e transporte eficiente.

2038

» O dia a dia não é mais reconhecível, a realidade virtual e inteligência artificial alavancam todas as partes da vida humana no mundo inteiro.

Processo evolutivo

Vamos aqui olhar para a história para buscar entender o atual momento que estamos vivendo. Nos primórdios da presença humana na Terra, as modificações que o homem produzia eram muito pequenas, sobretudo desenvolvia apenas atividade agrícola para seu sustento, com o crescimento populacional e com o desenvolvimento de novas tecnologias de produção, as intervenções nas paisagens foram sendo cada vez mais intensas, aqui temos um marco sociedade-natureza, e no estabelecimento de novas formas de produção foi a primeira revolução industrial. Essa revolução industrial foi um processo iniciado na Inglaterra, aproximadamente na metade do século XVIII, que teve como um dos principais acontecimentos a invenção da máquina a vapor e sua aplicação na produção têxtil, ou seja, fabricação de fios e tecidos.

Esse processo trouxe modificações significativas na economia e na sociedade, aumentou a quantidade de profissões, aumentou a quantidade de mercadorias produzidas e as fábricas cresceram em ritmo acelerado, cidades passaram a crescer, o campo conheceu um processo de mecanização, foram estruturadas ferrovias que aumentaram a capacidade de circulação das mercadorias.

1º marco histórico

O homem deixou de produzir para seu sustento e começou a fazer uso de novas tecnologias para aumentar a produção de alimentos, e usava o vapor na aplicação das máquinas, vale observar que deixou trabalhos de baixa qualificação e continuou em trabalhos de baixa qualificação.

Após a primeira revolução industrial, o avanço tecnológico passou a atingir um ritmo bastante acelerado, e entre a metade do século XIV e a primeira metade do século XX, diversos inventos passaram a ser produzidos e comercializados: automóvel, rádio, telefone e televisor, dando início à segunda revolução industrial.

2º marco histórico

O homem deixou de arar o campo e de trabalhar nos teares e migrou para as indústrias com linha de produção, realizando tarefas repetitivas, impossível aqui não lembrar do filme *Tempos modernos*, com Charles Chaplin, que retrata bem aquela época. Mais uma vez, vale observar que o homem deixou o trabalho de baixa qualificação no campo e nos teares e migrou para os trabalhos de baixa qualificação nas fábricas.

A terceira revolução industrial corresponde ao período após a Segunda Guerra Mundial, assumiram posição de destaque nesse momento a robótica, genética, informática, telecomunicações e eletrônica, entre outros. Os estudos desenvolvidos nessas áreas acabaram modificando todo o sistema produtivo, visto que o objetivo era produzir mais em menos tempo, empregando tecnologias avançadas e qualificando a mão de obra que assumiu a liderança em todas as etapas de produção, comercialização e gestão das empresas envolvidas na fabricação e comércio dos bens produzidos. Além de novas invenções, muitas criadas para servir à Segunda Guerra Mundial, houve também o aprimoramento de invenções mais antigas. Tudo isso associado ao processo produtivo. Máquinas mais eficientes, instrumentos mais precisos e a introdução de robôs alteraram o modo de organização da indústria, possibilitando o aumento da produção e dos possíveis lucros, diminuindo os gastos com mão de obra, bem como a redução do tempo que se levaria até a fabricação do produto final.

3º marco histórico

O homem deixou de apertar parafusos nas linhas de montagem e passou a executar serviços de baixa qualificação nas linhas automatizadas, alguns exercendo serviços de nível técnico, e outros foram para o setor de serviços e comércio em geral, que é exatamente onde estamos hoje.

Rumo à quarta revolução

As novas máquinas são capazes de realizar funções que vão desde a extração de matéria-prima até a distribuição do produto final e a realização de serviços. Os computadores e robôs não são usados para criar novos produtos, como os teares a vapor ou os tornos movidos a motor elétrico, mas, sim, para desempenhar atividades antes executadas por pessoas. As empresas multinacionais e de informática, ao substituírem a mão de obra humana, contribuem para a eliminação de postos de trabalho, o que amplia o desemprego. Em muitos ramos, quase desapareceram os operários tradicionais.

Em outras palavras, as novas tecnologias de produção, somadas a diversas razões de ordem econômica e social, podem levar ao fim de uma sociedade organizada com base no trabalho humano. Vale lembrar que, atualmente, o mundo ruma na direção da quarta revolução industrial. Estamos ingressando numa revolução que mobiliza as ciências da vida, sob a forma da biotecnologia, assim como várias áreas das ciências exatas e de outros ramos do conhecimento, e que responde pelo nome de nanociência ou nanotecnologia.

`Aqui, começa nossa reflexão para entendermos o que estamos prestes a viver`

Conforme observamos a história das revoluções industriais, até aqui, nos seres humanos sempre demos um jeito, sempre conseguimos migrar para outros postos de trabalho, agora, porém, quando falamos que haverá novos empregos do futuro e que os humanos podem ser melhores que os da inteligência artificial, melhores que os robôs, essas pessoas geralmente pensam em trabalhos de alta qualificação, que vão trabalhar com robótica, com realidade aumentada, com gamificação, porém eu não vejo como pessoas que trabalharam toda a vida como motoristas, que perderam seus empregos para os carros autônomos, nem como pessoas que não tiveram oportunidade de estudo e trabalham como caixas de supermercado, vão se reinventar diante desses empregos do futuro, que vão exigir de nós ALTA QUALIFICAÇÃO.

E isso faz com que o mundo caminhe para uma desigualdade jamais vista antes, uma vez que os mais afetados serão essas pessoas de baixa qualificação e de baixa renda, e aí o que a gente faz com tanta gente que vai ficar sem emprego?

Os desafios do futuro presente

Nikola Tesla, em 1926, nos trouxe as primeiras elucubrações e conceitos sobre um projeto que combinava um computador e um telefone, ao que ele chamou de "tecnologia de bolso". À época, poderia ter sido taxado de louco. "Poderemos nos comunicar uns com os outros de forma instantânea, independentemente da distância. Poderemos nos ver e ouvir de modo tão perfeito como se estivéssemos conversando frente a frente. Os instrumentos pelos quais poderemos fazer tudo isso serão bastante simples, se comparados com nossos telefones atuais. O homem poderá carregar esse instrumento no bolso de suas vestes".

Dezenas de anos depois, em 1971, quando Theodore Paraskevakos criou o primeiro protótipo e, em 1974, foi patenteado, o *smartphone* ainda era apenas uma grande novidade distante. Foi somente em 29 de junho de 2007 que de fato ele foi apresentado ao mundo. Algo que mudaria radicalmente muitas vidas, organizações. Um *gadget* que criaria e destruiria mercados inteiros. As promessas de uma revolução na forma de como as pessoas viriam a se comunicar pareceu tímida diante do verdadeiro impacto que a humanidade estaria prestes a testemunhar.

Num incrível equilíbrio entre arte e tecnologia, o então CEO da Apple, Steve Jobs, subiu ao palco da MacWorld 2007 para apresentar o iPhone, um aparelho pequeno que faria caber 1000 músicas em qualquer bolso.

Era um modelo de *smartphone* com a inédita tecnologia *touchscreen*. Tão poderoso que agradaria ao mais *heavy user* tecnológico e, ao mesmo tempo, tão intuitivo que poderia ser usado por crianças.

Steve Jobs fez projeções ousadas para o iPhone: vamos ver se conseguimos ter 1% do *market share* em 2008, e aí vamos adiante!

Steve Ballmer, ex-CEO da Microsoft, entretanto, numa declaração histórica, disse que nenhum executivo se interessaria por um *smartphone* sem teclado. Profetizou objetivamente o fracasso do iPhone: "Não há chance de o iPhone ganhar uma parcela significativa do mercado. Nenhuma chance". O fato é que a Apple superou a meta, atingindo 1,1% dos 1,21 bilhão de remessas mundiais de celulares no ano seguinte.

Apesar de soar estapafúrdia, a declaração de Ballmer se mostra justificada, fruto da tensão mercadológica entre Apple e Microsoft. No entanto, essas não foram as primeiras, e não seriam as últimas, controvérsias no crescente cenário tecnológico.

Alex Davies (articulista da Wired especializado em transporte) nos traz pontos de assombro no ambiente tecnológico. Ele diz que, nos últimos cinco anos, o carro autônomo passou de "talvez possível" a "definitivamente possível". Em poucos meses, foi de "inevitável" a "como alguém pensou que isso não era inevitável?". Hoje, o carro autônomo está no patamar de "comercialmente disponível".

Por outro lado, numa surpresa às avessas, a naturalidade também habita alguns recantos do mundo da tecnologia. Há pelo menos um ano, médicos já falam com certa naturalidade sobre telemedicina e robôs cirurgiões. Assim como patinetes elétricos se multiplicam misteriosamente pelas grandes metrópoles como opção de mobilidade a custos baixíssimos para pequenas distâncias, *chatbots*, hoje programáveis por pessoas sem nenhum conhecimento técnico, estão cada vez mais populares e já não é grande surpresa (aliás, já totalmente aceitável) interagir com ou por meio deles em nossos mensageiros instantâneos.

Não se assuste se alguém disser que as transformações estão apenas começando. Ao que tudo indica, as previsões feitas por Ray Kurzweil em sua seminal apresentação "A University for the Coming Singularity" no palco do TED em 2009 estão se mostrando próximas da realidade. Se tudo correr conforme seus prognósticos, em 10 anos (2029), segundo Ray, teremos um computador com a mesma *performance* do maior, mais poderoso e mais emblemático sistema de processamento de informações de que já se teve notícia. Teremos um computador com a mesma *performance* de um cérebro humano. E, ainda segundo uma de suas mais ousadas predições, traçando o crescimento exponencial da tecnologia, em apenas 41 anos (2060), nossos computadores alcançarão a mesma capacidade de processamento de 7 bilhões de cérebros humanos. Teremos um supercomputador tão poderoso quanto a soma do processamento de todos os habitantes do planeta em 2019.

Se essas previsões nos causam algum estranhamento, é porque, de forma geral, estamos acostumados a pensar em mudanças com incremento (ou redução) de 10% em relação ao que vemos a nossa volta. São traços de uma mentalidade que nos acompanha como espécie há dezenas de milhares de anos. Um legado ancestral que nos impede de ter a compreensão necessária sobre o impacto da curva exponencial das tecnologias e toda a nova complexidade que traz a reboque.

Não estamos preparados cognitivamente para entender a revolução que está acontecendo, mas podemos observar pelo menos dois fatores que promovem o contraste entre as antigas e novas formas de pensar: durante toda a nossa história, enxergamos o mundo de forma local. Ou seja, sempre entendemos a realidade dentro de um perímetro de proximidade, onde analisamos somente aquilo que nos toca e o que é visível aos nossos olhos, no entanto, com o desenvolvimento da tecnologia, o mundo inteiro se transformou numa grande rede global. Nessa nova realidade, hiperconectada e ultracomplexa, outrora longínquos pontos de tensão e mudança afetam a todos. Independentemente da distância, e mesmo das arenas mercadológicas onde ocorrem, movimentos sutis podem gerar grandes mudanças.

Por exemplo, uma *startup* de tecnologia com pouquíssimos recursos, como o WhatsApp, formada por um norte-americano e um ucraniano em 2009, pôde criar um aplicativo de mensagens que coloca em xeque todo um mercado, aparentemente distante, como o das operadoras de telefonia no Brasil. Outro fator é o pensamento linear, também arraigado em nossa espécie, que nos faz pensar no futuro como uma extensão serial do passado e do presente. Afinal, sempre foi assim. Por toda a nossa história, usamos nossas referências do passado para construir o futuro. No entanto, por conta da velocidade das transformações e do impacto gerado pelas novas tecnologias, o futuro está se mostrando completamente diferente (e muitíssimo mais rápido) do que foi vivido. Além de não termos mais repertório adequado para basear as decisões diante dos novos desafios, os próximos movimentos de indivíduos e organizações deverão acompanhar o ritmo das novas tecnologias. Precisarão ser cada vez mais rápidos. Deverão crescer também numa escala exponencial. A *EasyTaxi* nos traz um exemplo brasileiro de negócio disruptivo, altamente lucrativo, que alinha tecnologia e impacto social. Expandiu sua operação para mais de 30 países no período de um ano. Mostrou-nos um movimento que rompe o tradicional crescimento linear/incremental vigente nos negócios da era industrial, para uma ascensão de características exponenciais perseguidas pela nova economia.

Estamos vivendo, portanto, uma profunda transição: novas realidades e novos negócios obedecendo a dinâmicas não mais locais, mas globais. Onde é preciso desenvolver velocidades e trajetórias não mais lineares, mas exponenciais. Somos impulsionados por tecnologias que se multiplicam rapidamente, em ritmo de mudanças cada vez mais acelerado, nossos cérebros, aquelas poderosas máquinas de processamento, estão hoje lutando para se adaptar e acompanhar as novas realidades. O resultado: surpresa, desconforto e excitação.

Testemunhamos um cenário que será transformador em todas as camadas – sociais, ambientais, políticas e econômicas. Uma realidade cujo fator de adaptação, de maneira contra intuitiva, não diz respeito exatamente à tecnologia em si, mas a um novo modelo mental necessário para entender, adequar e tirar o melhor proveito dessas mudanças em nossas vidas, nossos empregos, nas organizações e, inclusive, no nosso país. As mudanças tecnológicas trazem consequências que, mesmo distantes na aparência, provavelmente vão influenciar seus negócios. Estamos todos, indivíduos, líderes e organizações, diante talvez do maior desafio de nossa história: como nos preparar para um mundo diferente, global, exponencial e até mesmo inimaginável, que vai chegar mais rápido do que parece? As famosas ondas de Schumpeter, que antes aconteciam em ciclos de 60 anos, parecem estar chegando a intervalos tão curtos quanto a fundação de uma *startup* em qualquer ponto do planeta. Ainda segundo os preceitos da chamada Destruição Criativa, em vez de seguir a velha trajetória evolutiva linear, será preciso romper os padrões do passado. Abandonar o velho para dar lugar ao novo.

Torna-se mandatório o exercício de um olhar diferente, mais transversal e sistêmico, considerando fatores de complexidade em outros níveis de referência. Será preciso estudar, aprender e criar metodologias para antecipar tendências e gerenciar mudanças. Inspirar e empoderar pessoas, empreendedores, líderes e organizações com novo *mindset* exponencial para gerar mudanças positivas e promover crescimento social, político e econômico. De Tesla a Steve Jobs, passando pelos carros autônomos, robôs cirurgiões, patinetes elétricos e supercomputadores, as manifestações tecnológicas que nos cercam estão longe de ser totalmente compreendidas. Arthur Clarke, o grandioso autor da ficção científica, dizia que "qualquer tecnologia suficientemente avançada é indistinta de magia". Portanto, o que nos espera no futuro talvez soe como fantasia a nossos limitados olhos contemporâneos com atitudes futuristas, precisamos traduzir os sinais de tempos vindouros, para ajudar a sociedade e as empresas na tomada de decisões do agora.

Reskilling e upskilling: nunca foram tão necessários

No novo mundo do trabalho, talvez não saibamos com certeza quais trabalhos serão destruídos e o que será criado, mas uma coisa é clara: todo mundo, seja qual for a idade, terá que passar algum tempo seja no *reskilling* (capacitação de novas habilidades para uma nova posição) ou *upskilling* (aprendizado e aprimoramento de tarefas atuais mais profundamente). Todo trabalho concebível terá novas tecnologias para aprender e novos relacionamentos pessoais para navegar à medida que esses apéis se encaixam e se adaptam a um cenário econômico em constante mudança. Essa ideia requer um senso real de urgência por parte dos indivíduos. Cada um de nós precisa estar motivado e preparado para se esforçar para tornar o aprendizado uma prioridade vitalícia, esse é um bom primeiro passo, para manter suas habilidades e permanecer competitivo, garantindo sua empregabilidade. O desafio é que noções antigas de aprendizado são muito lentas e relativamente caras. Elas geralmente são baseadas em sala de aula e conduzidas por instrutores.

Reskilling em lugares inesperados

A equipe de liderança da Microsoft tornou um importante requisito comercial expandir a oferta dos serviços em nuvem da empresa. Tornar isso uma realidade significou a construção de *data centers* em lugares populosos, como Dublin, na Irlanda, e remotos, como Boydton, Virginia (população de cerca de 400) e Des Moines, Iowa (pouco mais de 200.000). As habilidades de trabalho cruciais para esses novos locais estão no gerenciamento do *data center* com responsabilidades particulares na administração de sistemas e na solução de problemas.

Essas habilidades são difíceis de recrutar e é improvável que existam nas populações locais menores, nas quais alguns desses centros estão localizados. Além disso, poucos funcionários atuais da Microsoft querem se mudar para locais de dados como esses. Quando isso acontece, as taxas de retenção tendem a ser ruins. A equipe da Microsoft aceitou esse desafio, expandindo sua visão de quem poderia fazer esses trabalhos e decidindo ajudar a criar novos grupos de talentos em cada comunidade local. A chave para isso acontecer tem sido reunir diferentes partes interessadas. Por exemplo, para os locais de Boydton e Des Moines, a empresa trabalhou com faculdades comunitárias locais no sul da Virgínia e em Iowa para criar novas Academias do Microsoft Data Center (DCA). Essas escolas treinam os alunos para trabalhar nas instalações da Microsoft e em outras empresas com necessidades de TI semelhantes. Os estudantes receberam suporte em bolsas de estudo da Microsoft.

Upskilling

Aprender habilidades existentes de maneiras mais novas e profundas é geralmente necessário quando as tarefas rotineiras de um trabalho são automatizadas. Foi o que ocorreu, por exemplo, no papel do caixa do banco: muitos bancários de hoje estão usando parte de seu tempo livre para se tornarem embaixadores mais ativos do banco, atendendo gentilmente os clientes, sugerindo outros produtos bancários. Essa parte "humana" do trabalho exige altos níveis de habilidades interpessoais, como empatia, compreensão e julgamento. Essas são habilidades difíceis de desenvolver em escala. Ao contrário de muitas habilidades cognitivas, as habilidades sociais não podem ser aprendidas de uma maneira baseada em regras – não existe um caminho especificável para a eficácia social. Construir habilidades sociais relacionadas ao trabalho para um ambiente de trabalho requer uma experiência de aprendizagem imersiva, ensaiada em situações o mais próximo possível do trabalho real e com muitas oportunidades de prática. Esse tipo de desenvolvimento de habilidades é essencialmente um processo de tentativa e erro em que nos comportamos de uma determinada maneira, obtemos *feedback* por meio de sutis sinais sociais e tentamos novamente.

Lifelong learning - educação continuada

Para manter-se qualificado é fundamental, antes de tudo, entender a educação como um processo contínuo: o *lifelong learning*. Essa mudança de perspectiva se propõe a ultrapassar uma visão de educação que limita o aprendizado aos sistemas escolares formais, do ensino básico à pós-graduação, para compreendê-la como um processo no qual a aquisição de conhecimentos e habilidades ocorrem ao longo da vida. Constituído por quatro pilares, o *lifelong learning*, em português, aprendizagem contínua ou educação para toda vida, é um importante caminho não só para pensar a Educação no século XXI, como também o ambiente corporativo, enquanto estratégia de formação profissional. Nesse sentido, investir em *lifelong learning* significa estimular de maneira voluntária, proativa e permanente o desenvolvimento pessoal e profissional do indivíduo, a partir das mais diversas experiências de aprendizagem; além do campo da Educação, o conceito tem sido adotado no ambiente corporativo para incentivar o fortalecimento de uma cultura organizacional que valorize o processo de aprendizagem entre os colaboradores. Afinal, em um mercado de trabalho tão competitivo, já não basta ao profissional o domínio de uma função. É preciso um processo de formação contínuo, que o ajude a desenvolver um conjunto de habilidades pessoais e profissionais para lidar com os desafios do ambiente corporativo e do mercado de trabalho.

O primeiro passo para colocar o *lifelong learning* em prática é conhecer seus quatro pilares.

1 - Aprender a conhecer

É o processo de aprendizagem que tem como principal finalidade a aquisição dos saberes. No entanto, cabe ressaltar que aprender a conhecer ultrapassa o domínio de um determinado conteúdo e significa o prazer de compreender, construir e reconstruir o conhecimento. Esse processo de formação continuada visa estimular o senso crítico e a capacidade dos sujeitos de refletir e se posicionar frente aos diferentes contextos. Para isso, é preciso instigar a curiosidade e a atenção, desenvolver autonomia e dominar diferentes linguagens. Abrange também a necessidade de aprender a pensar e não apenas reproduzir um pensamento, além de desafiar o sujeito a criar e reinventar o futuro.

2 - Aprender a fazer

Como as exigências das profissões mudam cada vez mais rápido, não basta estar preparado para desempenhar uma função, é preciso ser capaz de enfrentar as novas situações de emprego. Por isso, mais do que uma qualificação profissional, aprender a fazer implica, de forma mais abrangente, a habilidade de enfrentar desafios e trabalhar em equipe. Fundamental na formação do trabalhador, esse fazer vai além de uma prática instrumental e envolve habilidades humanas que se manifestam nas relações interpessoais mantidas no ambiente de trabalho, como iniciativa, intuição, boa comunicação, capacidade de resolução de conflitos e estabilidade emocional.

3 - Aprender a conviver

Aprender a conviver refere-se à capacidade das pessoas de compreender o outro, de estabelecer vínculos sociais e gerenciar os conflitos. Para isso, é preciso que o sujeito esteja disposto a participar de projetos em comum, cooperar com o outro e somar seus conhecimentos individuais em prol da coletividade. Tal envolvimento permite não só a troca de experiências, como traz importantes benefícios para qualquer ambiente de trabalho.

4 - Aprender a ser

A educação também deve proporcionar o desenvolvimento integral da pessoa, de modo que ela possa agir com cada vez mais autonomia, discernimento e responsabilidade pessoal. Por isso, o processo de aprendizagem precisa desenvolver as potencialidades do indivíduo, como a inteligência, a sensibilidade, a memória, o raciocínio, o sentido ético e estético, o pensamento autônomo e crítico, a imaginação, a criatividade, a iniciativa, as capacidades físicas e também a aptidão para comunicar-se.

Os benefícios do lifelong learning

Os avanços tecnológicos têm sido fundamentais para tornar o *lifelong learning* mais acessível. Graças à popularização dos dispositivos *mobile*, o ensino, antes restrito ao ambiente formal da sala de aula, ganha novas possibilidades e espaços por meio do ensino eletrônico, realizado a partir de plataformas digitais e 100% *on-line*, o ensino eletrônico é base para o desenvolvimento de novos formatos de cursos *on-line*, programas de capacitação e até cursos de graduação e pós-graduação a distância. Isso amplia as possibilidades de formação das pessoas, que têm a possibilidade de estudar quando e onde quiserem e também definirem seu próprio ritmo de aprendizado.

Além disso, a interação propiciada pela *Internet* permite uma modalidade de ensino a distância mais dinâmica, que investe em novas formas de aquisição de conhecimento. Elas ultrapassam a relação professor e aluno e se estabelecem também na troca de experiências e aprendizado colaborativo, princípios fundamentais para o *lifelong learning*.

Longe de concorrer ou questionar a educação formal, o *lifelong learning* é um importante aliado, que pode ser explorado nas instituições de ensino superior como forma de instigar os alunos em seu processo de aprendizado e incentivar seu desempenho acadêmico, pessoal e profissional. Para isso, pode-se, por exemplo, criar uma grade diferenciada de disciplinas, que estimule atividades extracurriculares de autoaprendizagem. Outra possibilidade é a oferta de cursos de curta duração e treinamentos *on-line*, que proporcionem aos estudantes o desenvolvimento de diferentes habilidades exigidas pelo mercado de trabalho. Além de beneficiar a comunidade acadêmica, uma instituição de ensino superior que investe no processo de formação continuada também tem a possibilidade de explorar novos públicos, com a oferta de cursos de curta duração, treinamentos ou capacitações direcionados aos profissionais que desejam se manter atualizados.

As 10 habilidades do profissional do futuro

Buscando compreender quais habilidades serão fundamentais para prosperar no mercado de trabalho do futuro, o WEF questionou especialistas em recursos humanos e em gestão estratégica das maiores empresas do mundo. Para entender o futuro do trabalho, o WEF entrevistou diversos especialistas. Como resultado da pesquisa foi lançado o relatório *The Future of Jobs: Employment, Skills and Workforce Strategy for the Fourth Industrial Revolution*. No documento, são reveladas as 10 habilidades que os profissionais deverão possuir a partir de 2020 para não sucumbir no mercado de trabalho. Tendo essa visão, desenvolvi um método prático sobre desenvolver e aprimorar cada uma dessas habilidades.

HABILIDADE 1: RESOLUÇÃO DE PROBLEMAS COMPLEXOS

A resolução de problemas complexos não é uma habilidade que nasce com o profissional. Mas se aprimora ao longo dos anos. A habilidade, que consiste na capacidade de resolver problemas novos e indefinidos em ambientes reais, se constrói a partir de uma base sólida de pensamento crítico.

Em síntese, o profissional do futuro deverá ter a elasticidade mental para resolver problemas que nunca viu antes. Problemas esses que podem ficar mais complexos a cada minuto. Os solucionadores de problemas complexos serão os profissionais mais demandados no futuro. Todas essas habilidades farão a diferença, tanto para os profissionais quanto para as empresas, além dos hábitos dos colaboradores, clientes também passarão a desenvolver essa habilidade, e não esperarão menos das marcas e dos produtos ou serviços que estarão à disposição. Aliando o melhor da tecnologia e a humanidade, será possível destacar sua organização e garantir o sucesso nessa nova era.

Algumas empresas buscam profissionais com essas características e habilidades, por que não investir nas pessoas que você tem e que estão engajadas no seu negócio para evoluírem e tomarem papel de protagonista nessa evolução, uma vez que todas essas habilidades podem ser desenvolvidas e treinadas em qualquer um?

Todos podem se beneficiar de ter boas habilidades para resolver problemas, pois todos enfrentamos problemas diariamente. Alguns desses problemas são obviamente mais graves ou complexos do que outros. Seria maravilhoso ter a capacidade de resolver todos os problemas de maneira eficiente e oportuna, sem dificuldade, embora não exista uma maneira pela qual todos os problemas possam ser resolvidos.

Por mais bem preparados que estejamos para a solução de problemas, sempre há um elemento desconhecido. Embora o planejamento e a estruturação ajudem a aumentar a probabilidade de o processo de solução de problemas ser bem-sucedido, o bom senso e um elemento de boa sorte determinarão se o problema foi resolvido. Os relacionamentos interpessoais falham e os negócios declinam por causa da má resolução de problemas. Isso geralmente ocorre devido a problemas que não são reconhecidos, e que não são tratados adequadamente.

Muito do trabalho de resolução de problemas envolve a compreensão de quais são realmente as questões subjacentes do problema – e não os sintomas. Lidar com uma reclamação do cliente pode ser visto como um problema que precisa ser resolvido, e é quase certamente uma boa ideia fazê-lo. O funcionário que lida com a reclamação deve perguntar o que causou a reclamação do cliente em primeiro lugar, se a causa da reclamação puder ser eliminada, o problema será resolvido.

Para ser eficaz na solução de problemas, é provável que você precise de outras habilidades importantes, incluindo:

1 - Criatividade

Os problemas geralmente são resolvidos de forma intuitiva ou sistemática. A intuição é usada quando nenhum conhecimento novo é necessário, você sabe o suficiente para tomar uma decisão rápida e resolver o problema ou usa o bom senso ou a experiência para resolvê-lo. Problemas mais complexos ou problemas que você nunca teve antes provavelmente exigirão uma abordagem mais sistemática e lógica para resolver e, para esses, você precisará usar o pensamento criativo.

2 - Habilidades de pesquisa

Definir e resolver problemas geralmente exigem que você faça alguma pesquisa: pode ser uma simples pesquisa no Google ou um projeto de pesquisa mais rigoroso.

3 - Trabalho em equipe

Muitos problemas são mais bem definidos e resolvidos com a participação de outras pessoas. O trabalho em equipe pode parecer uma "coisa do trabalho", mas é tão importante em casa e na escola quanto no local de trabalho.

4 - Inteligência emocional

Vale a pena considerar o impacto que um problema ou sua solução tem sobre você e outras pessoas, isso é "inteligência emocional". Ter a capacidade de reconhecer as emoções de si mesmo e dos outros ajudará a guiá-lo para uma solução apropriada.

5 - Gerenciamento de riscos

A solução de um problema envolve certa quantidade de risco, esse risco precisa ser ponderado para não solucionar um problema e criar outro.

6 - Tomada de decisão

A resolução de problemas e a tomada de decisão são habilidades intimamente relacionadas, e a tomada de decisão é uma parte importante do processo de solução de problemas, pois muitas vezes você se depara com várias opções e alternativas.

O que é um problema?

"Assunto controverso, que pode ser objeto de pesquisas científicas ou discussões acadêmicas."

"Uma questão duvidosa ou difícil que exija uma solução."

"Algo difícil de entender, realizar ou lidar."

Vale a pena considerar também nossa própria visão do que é um problema.

Estamos constantemente expostos a oportunidades na vida, no trabalho, na escola e em casa. No entanto, muitas oportunidades são perdidas ou não são aproveitadas ao máximo. Frequentemente, não temos certeza de como tirar proveito de uma oportunidade e criamos barreiras, razões pelas quais não podemos tirar proveito. Essas barreiras podem transformar uma situação potencialmente positiva em negativa, em um problema.

É da natureza humana perceber e se concentrar em problemas pequenos, fáceis de resolver, mas é muito mais difícil de trabalhar nos grandes problemas que podem estar causando alguns dos menores.

Vamos considerar as seguintes perguntas ao enfrentar um problema.

O problema é real ou percebido?

Esse problema é realmente uma oportunidade?

O problema precisa ser resolvido?

Todos os problemas têm duas características em comum: objetivos e barreiras.

Objetivo

Os problemas envolvem o objetivo de alcançar algum estado de coisas objetivas ou desejado, e podem incluir evitar uma situação ou evento.

Os objetivos podem ser qualquer coisa que deseja alcançar ou aonde deseja estar. Se você estiver com fome, seu objetivo provavelmente é comer alguma coisa. Se é o chefe de uma organização (CEO), seu principal objetivo pode ser maximizar lucros e esse principal objetivo pode precisar ser dividido em vários subobjetivos para atingir o objetivo final de aumentar os lucros.

Barreiras

Se não houvesse barreiras na maneira de alcançar uma meta, não haveria problema. A solução de problemas envolve a superação de barreiras ou obstáculos que impedem a realização imediata de objetivos.

Seguindo os exemplos anteriores, se você sentir fome, seu objetivo é comer. Uma barreira para isso pode ser você não ter comida disponível, então você vai ao supermercado e compra comida, remove a barreira e resolve o problema. Obviamente, para o CEO que deseja aumentar os lucros, pode haver muito mais barreiras impedindo que a meta seja alcançada. O CEO precisa tentar reconhecer essas barreiras e as remover ou encontrar outras maneiras para atingir os objetivos da organização.

A abordagem mencionada geralmente é projetada para a solução de problemas em um contexto de organização ou grupo, mas também pode ser facilmente adaptada para trabalhar em nível individual em casa ou na educação.

Tentar resolver um problema complexo sozinho, no entanto, pode ser um erro. O velho ditado "Um problema compartilhado é um problema pela metade" é um bom conselho.

Conversar com outras pessoas sobre problemas não é apenas terapêutico, mas pode ajudá-lo a ver as coisas de um ponto de vista diferente, abrindo mais soluções em potencial.

ETAPAS DA RESOLUÇÃO DE PROBLEMAS

A solução eficaz de problemas geralmente envolve a execução de várias etapas ou estágios, como os descritos a seguir.

1 - Identificação de problema

Esta etapa envolve: detectar e reconhecer que há um problema, identificar a natureza do problema, definição do problema.

A primeira fase da solução de problemas pode parecer óbvia, mas geralmente requer mais reflexão e análise. Identificar um problema pode ser uma tarefa difícil por si só. Existe algum problema? Qual é a natureza do problema? Existem de fato inúmeros problemas? Como o problema pode ser mais bem definido? Ao passar algum tempo definindo o problema, você não apenas o entenderá com mais clareza, como poderá comunicar sua natureza a outras pessoas. Os problemas terão um impacto por algum tempo antes de serem reconhecidos ou trazidos à atenção de alguém que possa fazer algo a respeito?

Em muitas organizações, é possível configurar sistemas formais de comunicação para que os problemas sejam relatados desde o início, mas inevitavelmente esses sistemas nem sempre funcionam. Depois que um problema é identificado, é preciso determinar sua natureza exata: quais são os objetivos e as barreiras componentes do problema? Alguns dos principais elementos do problema podem ser descritos e uma primeira tentativa de definir o problema deve ser feita. Essa definição deve ser clara o suficiente para que você possa explicar facilmente a natureza do problema para outras pessoas.

Exemplo:

Meta (eu quero...)	Barreira (mas...)
Diga a um amigo que achamos algo irritante.	Não quero magoar os sentimentos deles.
Compre um novo computador.	Não tenho certeza de qual modelo obter ou quanto dinheiro é razoável para gastar.
Montar um novo negócio.	Não sei por onde começar.

Analisar o problema em termos de metas e barreiras pode oferecer uma maneira eficaz de definir muitos problemas e dividir problemas maiores em subproblemas mais gerenciáveis. Às vezes, fica aparente e o que parece ser um único problema é mais precisamente uma série de subproblemas. Exemplo, no problema:

» "Ofereceram o emprego que eu queria, mas não tenho transporte para chegar lá, e não tenho dinheiro suficiente para comprar um carro."

» "Quero arrumar um emprego" (problema principal), "Mas não tenho transporte para chegar lá" (subproblema 1).

» "E não tenho dinheiro suficiente para comprar um carro" (subproblema 2).

Problema	Verificando fatos
"Quero arrumar um emprego, mas não tenho transporte para chegar lá e não tenho dinheiro suficiente para comprar um carro."	"Eu realmente quero um emprego?" "Eu realmente não tenho acesso ao transporte?" "Eu realmente não posso comprar um carro?"

Durante esse primeiro estágio da solução de problemas, é importante obter uma definição inicial de trabalho do problema. Embora possa precisar ser adaptado posteriormente, uma boa definição de trabalho torna possível descrever o problema para outras pessoas que possam se envolver no processo de solução de problemas.

2 - Estruturando o problema

Esta etapa envolve: um período de observação, inspeção cuidadosa, apuração de fatos e desenvolvimento de uma imagem clara do problema.

Após a identificação do problema, estruturar o problema é obter mais informações sobre o problema e aumentar o entendimento. Essa fase trata de apuração e análise de fatos, construindo uma imagem mais abrangente do(s) objetivo(s) e da(s) barreira(s). Esse estágio pode não ser necessário para problemas muito simples, mas é essencial para problemas de natureza mais complexa.

As perguntas devem ser feitas, o objetivo declarado é o objetivo real? As barreiras são barreiras reais e que outras barreiras existem? Neste exemplo, o problema a princípio parece ser:

Objetivo	Barreira 1	Barreira 2
Aceite o trabalho	Sem transporte	Sem dinheiro

Essa também é uma boa oportunidade para examinar as relações entre os principais elementos do problema. Por exemplo, no problema "Trabalho-Transporte-Dinheiro", há fortes conexões entre todos os elementos.

Observando todas as relações entre os elementos-chave, parece que o problema é mais sobre como conseguir qualquer uma das três coisas, como trabalho, transporte ou dinheiro, porque resolver um desses subproblemas, por sua vez, resolverá o problema.

Esse exemplo mostra como é útil ter uma representação de um problema.

Os problemas podem ser representados das seguintes maneiras, abaixo.

As representações visuais e verbais incluem:

» **Visualmente:** usando figuras, modelos ou diagramas.
» **Verbalmente:** descrevendo o problema em palavras.

As representações visuais e verbais incluem: diagramas de cadeia; fluxogramas; diagramas de árvore; listas.

Diagramas de Corrente

Os diagramas em cadeia são maneiras simples e poderosas de representar problemas usando uma combinação de diagramas e palavras. Os elementos do problema são apresentados em palavras, geralmente colocados em caixas e posicionados em diferentes lugares em uma folha de papel, usando linhas para representar o relacionamento entre eles.

Os diagramas de cadeia são do tipo mais simples, onde todos os elementos são apresentados em uma lista ordenada, sendo cada elemento conectado apenas aos elementos imediatamente antes e depois dele. Os diagramas de cadeia geralmente representam uma sequência de eventos necessários para uma solução. Um exemplo simples de um diagrama de cadeia ilustra o exemplo de trabalho-transporte-dinheiro da seguinte maneira:

Fluxogramas

Os fluxogramas permitem a inclusão de ramificações, dobras, *loops*, pontos de decisão e muitas outras relações entre os elementos. Na prática, os fluxogramas podem ser bastante complicados e existem muitas convenções sobre como eles são desenhados, mas, geralmente, diagramas simples são mais fáceis de entender e ajudam a "ver" o problema mais rapidamente.

Diagramas de Árvore

Os diagramas de árvore e seu parente próximo, a Árvore de Decisão, são maneiras de representar situações em que há várias opções ou diferentes eventos possíveis a serem considerados. Esses tipos de diagrama são particularmente úteis para considerar todas as possíveis consequências das soluções. Lembre-se de que o objetivo de uma visualização é tornar o problema mais claro. Diagramas complicados demais apenas confundem e dificultam o entendimento do problema.

Listagem

Listar os elementos de um problema também pode ajudar a representar prioridades, ordem e sequência no problema. As metas podem ser listadas em ordem de importância e as barreiras em ordem de dificuldade. Listas separadas podem ser feitas de objetivos ou barreiras relacionados. As barreiras podem ser listadas na ordem em que precisam ser resolvidas ou os elementos do problema classificados de várias maneiras diferentes. Existem muitas possibilidades, mas o objetivo é fornecer uma imagem mais clara do problema.

Problema
Quero arrumar um emprego, mas não tenho transporte para chegar lá e não tenho dinheiro suficiente para comprar um carro.
Ordem na qual as barreiras precisam ser resolvidas
1. Obter dinheiro 2. Obter carro 3. Obter emprego

Uma representação visual e uma definição de trabalho juntas tornam muito mais fácil descrever um problema para nós mesmos e para outras pessoas. Muitos problemas serão bem mais complexos do que o exemplo usado aqui.

3 - Procurando possíveis soluções

Durante essa etapa, você gerará uma série de possíveis cursos de ação, mas com poucas tentativas de avaliá-los nesse estágio.

A partir das informações coletadas nas duas primeiras fases da estrutura de solução de problemas, agora é hora de começar a pensar em possíveis soluções para o problema identificado. Em uma situação de grupo, esse estágio geralmente é realizado como uma sessão de ataque cerebral, permitindo que cada pessoa do grupo expresse seus pontos de vista sobre possíveis soluções (ou soluções parciais). Nas organizações, pessoas diferentes terão diferentes conhecimentos em diferentes áreas e, portanto, é útil ouvir as opiniões de cada parte interessada, isso envolve encontrar maneiras de envolver todos ativamente, incentivando a participação e gerando o maior número possível de ideias e soluções possíveis.

TÉCNICAS DE EXTRAÇÃO DE POSSÍVEIS SOLUÇÕES

1 - Brainstorming/debate

O *brainstorming* é talvez uma das técnicas mais usadas para gerar um grande número de ideias em um curto período de tempo. Embora possa ser feito individualmente, é praticado com mais frequência em grupos.

Antes do início de uma sessão de *brainstorming*, o líder ou o facilitador incentiva todos a contribuir com o maior número possível de ideias, por mais irrelevantes ou absurdas que possam parecer.

Deve haver muitas folhas de papel grandes, *post-its*, *flip charts* disponíveis, para que quaisquer ideias geradas possam ser anotadas de maneira que todos os presentes possam vê-las.

As regras do brainstorming

O facilitador deve explicar o objetivo da sessão de *brainstorming* (descrever o(s) problema(s) e enfatizar as quatro regras do *brainstorming* que devem ser respeitadas:

» Absolutamente nenhuma crítica de sugestão ou pessoa é permitida. *Feedback* positivo para todas as ideias deve ser incentivado.
» O objetivo é produzir o máximo de ideias possível.
» O objetivo é gerar uma sensação de impulso criativo. Deve haver um sentimento de empolgação no grupo, com ideias sendo produzidas em ritmo acelerado. Todas as ideias devem ser incentivadas, independentemente de quão irrelevantes, "estúpidas" ou "erradas" possam parecer.
» As ideias devem se fertilizar mutuamente, ou seja, todos devem olhar continuamente para as sugestões do resto do grupo e ver se elas desencadeiam novas ideias. Cada pessoa está se alimentando das ideias dos outros.

Os exercícios de aquecimento incentivam os participantes a entrar no estado de espírito certo para o pensamento criativo. Os exercícios devem ser divertidos e emocionantes, com o facilitador incentivando todos a pensar em ideias criativas em rápida sucessão. Os possíveis tópicos poderiam ser: "O que gostaria de ter com você se estivesse preso em uma ilha deserta? Como criar uma ratoeira?".

É melhor que os problemas de aquecimento sejam um tanto absurdos, pois isso encorajará a criatividade acrítica e de fluxo livre necessária para enfrentar o problema real posterior. Um prazo de dez minutos é útil para o grupo apresentar o maior número possível de ideias, sendo cada uma anotada para que todos possam ver. Lembre-se de que o objetivo é desenvolver um momento crítico e criativo no grupo.

A definição do problema apresentada anteriormente no processo de resolução de problemas deve ser redigida, para que todos estejam claramente focados no problema em questão. Às vezes, pode ser útil ter mais de uma definição.

Como nos exercícios de aquecimento, geralmente é definido um prazo para o grupo gerar suas ideias, cada uma sendo escrita sem comentários do facilitador. Ajuda a mantê-los em ordem, para que a progressão das ideias possa ser vista mais tarde. Se a sessão de *brainstorming* parecer produtiva, é melhor deixá-la continuar até que todos os caminhos possíveis tenham sido explorados. No entanto, a definição de um limite de tempo também pode instilar um senso de urgência e resultar em uma enxurrada de novas ideias, alguns minutos antes de o tempo acabar.

No final da sessão, é dado tempo para refletir e discutir as sugestões, talvez para esclarecer algumas das ideias e depois considerar como lidar com elas. Talvez mais sessões de *brainstorming* possam ser valiosas para considerar algumas das ideias mais frutíferas.

2 - Pensamento divergente e convergente

Pensamento divergente

O pensamento divergente é o processo de recuperar possíveis soluções de experiências passadas ou inventar novas. Os pensamentos se espalham ou "divergem" ao longo de vários caminhos para uma variedade de soluções possíveis. É o processo a partir do qual muitas das seguintes técnicas criativas de resolução de problemas foram projetadas.

Pensamento convergente

O pensamento convergente é o processo subsequente de restringir as possibilidades de "convergir" para a forma de ação mais apropriada.

Os elementos necessários para um pensamento divergente incluem:

- » Liberando a mente de velhos padrões de pensamento e outras influências inibidoras.
- » Trazendo os elementos de um problema para novas combinações.
- » Não rejeitar nenhuma ideia durante o período criativo e de resolução de problemas.
- » Praticando ativamente, incentivando e recompensando a criação de novas ideias.

Técnicas de pensamento divergente

Frequentemente, quando as pessoas ficam presas na tentativa de encontrar uma solução para um problema, é porque estão continuamente tentando abordá-la a partir do mesmo ponto de partida. Os mesmos padrões de pensamento são seguidos continuamente uma e outra vez, com confiança em soluções ou estratégias familiares.

Se os problemas puderem ser pensados de maneiras diferentes – uma nova abordagem –, padrões anteriores de pensamento, preconceitos e ciclos poderão ser evitados.

Três técnicas de pensamento divergente são:
1. Traga alguém de uma área diferente.
2. Questionar quaisquer suposições que estão sendo feitas.
3. Use técnicas criativas de resolução de problemas, como *brainstorming*.

Traga mais alguém de uma área diferente

Embora seja obviamente útil envolver pessoas com mais conhecimento sobre os problemas envolvidos em um problema, às vezes os não especialistas podem ser igualmente ou mais valiosos. Isso ocorre porque eles não sabem quais são as "soluções comuns" e, portanto, podem resolver o problema com uma mente mais aberta e, assim, ajudar, introduzindo uma nova perspectiva.

Outra vantagem de ter não especialistas na equipe é que ela força os "especialistas" a explicarem seu raciocínio em termos simples. Esse próprio ato de explicação pode frequentemente ajudá-los a esclarecer seu próprio pensamento e, às vezes, descobrir inconsistências e erros em seu pensamento.

Outra maneira de obter um novo ponto de vista, se o problema não for urgente, é deixá-lo de lado por um tempo e depois retornar a ele mais tarde e o enfrentar novamente. É importante não olhar para nenhuma das suas soluções ou ideias antigas durante essa segunda olhada, a fim de manter esse frescor de perspectiva.

3 - Suposições questionáveis

Às vezes, a solução de problemas se depara com dificuldades, porque se baseia em suposições erradas. Por exemplo, se uma nova lanchonete não consegue atrair clientes, foi questionado se existem funcionários ou compradores suficientes na área local? Pode ser feito um grande esforço na tentativa de melhorar o alcance e a qualidade dos sanduíches, quando questionar essa suposição básica pode revelar uma solução melhor, se não impopular.

Listar suposições é um bom ponto de partida. No entanto, isso não é tão fácil como parece, pois muitas suposições básicas podem não ser claramente entendidas ou parecer tão óbvias que não são questionadas. Mais uma vez, alguém totalmente desconectado do problema costuma oferecer uma contribuição valiosa para esse processo de questionamento, atuando como "advogado do diabo", ou seja, questionando as suposições mais óbvias.

Tais perguntas podem incluir:

» O que foi feito em circunstâncias semelhantes no passado? Por que foi feito dessa maneira? É a melhor/única maneira?

» Qual é a motivação para resolver o problema? Há influências, como preconceitos ou emoções, envolvidas?

Obviamente, muitas suposições que precisam ser questionadas são específicas para um problema específico. Seguindo o nosso exemplo anterior:

Problema
Quero arrumar um emprego, mas não tenho transporte para chegar lá e não tenho dinheiro suficiente para comprar um carro.

Ordem na qual as barreiras precisam ser resolvidas
"Eu preciso dirigir para o trabalho?"
"Preciso de dinheiro para comprar um carro?"
"Eu quero um emprego?"

4 - Tomar uma decisão

Essa etapa envolve uma análise cuidadosa dos diferentes cursos de ação possíveis, é, em seguida, a seleção da melhor solução para implementação e talvez seja a parte mais complexa do processo de solução de problemas. Seguindo a etapa anterior, agora é hora de analisar cada solução em potencial e de modo bastante cuidadoso. Algumas soluções podem não ser possíveis devido a outros problemas, como restrições de tempo ou orçamentos. É importante, nessa fase, considerar também o que poderia acontecer se nada fosse feito para resolver o problema. Às vezes, tentar resolver um problema que leva a muitos outros problemas requer um pensamento muito criativo e ideias inovadoras.

Depois que várias soluções possíveis forem alcançadas, elas deverão ser levadas adiante pelo processo de tomada de decisão. A tomada de decisão é uma habilidade importante, mais à frente falaremos dela de forma mais detalhada. Por exemplo, é necessário buscar informações sobre cada sugestão, avaliar os riscos, avaliar cada opção por meio de uma análise de prós e contras e, finalmente, uma decisão tomada sobre a melhor opção possível.

5 - Implementação

Esta etapa envolve aceitar e executar o curso de ação escolhido.

Implementação significa atuar na solução escolhida. Durante a implementação, mais problemas podem surgir, especialmente se a identificação ou estruturação do problema original não tiver sido realizada completamente.

Implementar uma decisão e tomar uma decisão são duas coisas diferentes.

A implementação envolve:
1. Estar comprometido com uma solução.
2. Aceitar a responsabilidade pela decisão.
3. Identificar quem implementará a solução.
4. Resolver para executar a solução escolhida.
5. Explorar os melhores meios possíveis para implementar a solução.

Monitoramento/busca de feedback

A última etapa consiste em revisar os resultados da solução de problemas ao longo de um período, incluindo a busca de *feedback* sobre o sucesso dos resultados da solução escolhida.

O estágio final da resolução de problemas diz respeito a verificar se o processo foi bem-sucedido. Isso pode ser conseguido monitorando e obtendo *feedback* das pessoas afetadas por quaisquer mudanças que ocorreram. A única maneira de um indivíduo ou grupo melhorar sua resolução de problemas é ver como resolveu problemas no passado. Para isso, é necessário *feedback* e, portanto, é importante manter um registro da solução de problemas, das soluções alcançadas e dos resultados. As formas de obter *feedback* incluem:

- » Monitoramento;
- » Questionários;
- » Acompanhamento.

Pergunte a outras pessoas que podem ter sido afetadas por suas decisões.

É importante incentivar as pessoas a serem honestas ao buscar *feedback*, independentemente de ser positivo ou negativo.

A solução de problemas envolve a busca de objetivos e a superação de barreiras. Os estágios da resolução de problemas incluem a identificação do problema, a estruturação do problema por meio do uso de algumas formas de representação e a busca de possíveis soluções frequentemente por meio de técnicas de pensamento divergente. Quando soluções possíveis forem alcançadas, uma delas será escolhida pelo processo de tomada de decisão. Os estágios finais da solução de problemas envolvem a implementação de sua solução e a busca de *feedback* sobre o resultado. O *feedback* pode e deve ser registrado para obter ajuda em futuros cenários de solução de problemas.

> "A medida de sucesso não é se você tem um problema difícil de lidar, mas se é o mesmo problema que você teve no ano passado."
> **(John Foster Dulles)**

HABILIDADE 2: PENSAMENTO CRÍTICO

Ser um pensador crítico será uma habilidade valiosa nos próximos três anos, de acordo com o relatório da WEF. Os pensadores críticos serão adições bem-vindas a qualquer equipe. O pensamento crítico envolve lógica e raciocínio. O profissional deve ser capaz de usar a lógica e o raciocínio para questionar determinado problema. Deve considerar várias soluções para aquele obstáculo. Além disso, colocar os "prós" e "contras" na balança, a cada nova abordagem.

O que é o pensamento crítico, afinal?

O que é o pensamento crítico, e por que você deveria se importar?

Bem, nós não ouvimos isso por um tempo, mas acho que não é porque todos no mundo estão pensando de maneira mais inteligente. Um dos termos mais recentes para "pensar com mais inteligência" é "pensar crítico".

Então, o que é e como você faz isso?

O pensamento crítico é uma mescla de "pensamento lógico", "métodos científicos" e "fato versus ficção".

Consiste em uma progressão lógica de análise e avaliação de dados e declarações que são conhecidos como verdadeiros ou propostos como verdadeiros com um grau de probabilidade, observações de sintomas e consequências de ações e conexões entre essas observações, declarações e ocorrências.

Definindo de forma mais simples: é o processo de examinar as informações, determinar o que é importante e entender o relacionamento entre as informações e uma seleção de possíveis resultados ou decisões.

Algumas perguntas e respostas para melhor entendermos:

1 - Existe subjetividade no pensamento crítico?
Sim, existe, e o pensamento crítico ajuda a entender onde e quando está sendo usado.

2 - Como você faz isso?
Provavelmente, existem tantas maneiras de implementar o pensamento crítico quanto os *sites* que o descrevem, mas a maioria dos métodos inclui muitas perguntas, muitas delas "instigantes". Tais como: "como você sabe que essas informações estão corretas?" ou "assumindo esses fatos, como explicam as observações" ou "se você tomar essa decisão, qual será a consequência dessa outra decisão que você tomou?". O número e o tipo de perguntas são uma função do tipo de problema em que você está trabalhando.

3 - Quais são os benefícios do pensamento crítico? Aqui estão apenas alguns:

- Decisões mais rápidas e com maior probabilidade de serem as corretas.
- Soluções mais inovadoras para problemas, objetivos e estratégias.
- Melhor entendimento da dinâmica entre os diferentes aspectos de um negócio ou projeto.
- Decisões e ações de melhor qualidade de funcionários individuais.
- Uma força de trabalho mais equipada que lida com problemas e toma decisões diariamente.

NOTA: o pensamento crítico permite que seu cérebro trabalhe um pouco mais para você enquanto toma decisões, resolve problemas, faz planos e executa.

Pensamento crítico x novas tecnologias

Todos seremos afetados por mudanças e dificuldades. Além disso, está a incerteza sobre o quão ruim as coisas podem ficar, quanto tempo as coisas vão demorar e como o futuro realmente vai se apresentar diante da sociedade.

Diante desse cenário, desenvolvi três ferramentas de pensamento mais importantes para serem usadas nessa situação, são as ferramentas de: "fatos", "necessidade" e "suposições".

1 - Fatos:

Escute aqueles que têm credenciais. Ouça várias fontes e

procure consistência de informações. O pensamento positivo é ótimo, mas é preciso focar nos fatos. Será difícil ouvir alguns dos fatos e talvez não desejemos acreditar neles, mas se eles vierem de várias fontes confiáveis, considere-os como verdade.

Seja vigilante e flexível. Haverá erros, espere-os. Haverá novas informações que podem mudar a maneira como os especialistas estão visualizando as informações mais antigas, e isso também é esperado.

E haverá histórias, só porque uma pessoa tem uma experiência, não significa que todo mundo está tendo essa experiência. Haverá rumores,

haverá bandidos... Já existem toneladas de curas falsas e golpes que tiram vantagem do medo e do pânico.

Fique com os fatos; verifique e valide as fontes e informações. Pergunte a si mesmo: "como sei que isso é verdade?", "como sei que isso é válido?", "o que posso fazer para verificar essas informações?", "quão credível é essa fonte?", "quão consistente é essa fonte?".

2 - Necessidade:

Quais são as coisas realmente necessárias para você, sua família e seus negócios e por que são necessárias?

Por exemplo:
Manter-se saudável.
Por quê? Se você não é saudável, ficará infeliz?
Então, antes de fazer qualquer coisa, pergunte-se:
"O que estou prestes a fazer é consistente com os fatos e ajudará ou dificultará o atendimento das minhas três ou quatro principais necessidades?".

Por exemplo:
É necessário visitar um amigo, ir a uma festa ou viajar? Pode ser um desejo forte, mas é necessário? Se não, não. Você terá muitas oportunidades futuras para satisfazer seus desejos. Procure maneiras para alcançar o necessário, perguntando-se se sua solução é a única maneira de alcançar esse resultado. Se não, você terá muitas oportunidades futuras para satisfazer seus desejos.

3 - Suposições:

É realmente difícil fazer suposições sobre o futuro quando as coisas estão mudando tão rapidamente, e há muita coisa desconhecida. Em quanto tempo a tecnologia irá afetar meu trabalho? Duas semanas, dois meses, um ano? Quantas pessoas serão afetadas? Perderei meu emprego? Ou se já o perdi, por quanto tempo? O que aconteceu com minhas economias? A lista é longa e as respostas são poucas.

Minha recomendação é procurar dois ou três cenários, como otimista, realista, pessimista. Isso será diferente para todos, mas permitirá que você faça um plano e revise o plano com o passar do tempo. O plano não precisa ser um manual de instruções passo a passo detalhado, mas deve ter algumas ações sobre qual abordagem você deve considerar quando ou se ocorrerem eventos e em prazos diferentes.

» Faça as suposições associadas a essas linhas de tempo/cenários e anote essas suposições.
» Em seguida, liste as ações que você executaria se essas suposições fossem válidas.

> A cada semana, verifique e pergunte: as suposições que eu fiz ainda são válidas? Nesse caso, mantenha seu plano; caso contrário, altere seu plano.

CRIANDO UMA ORGANIZAÇÃO DE PENSAMENTO CRÍTICO

1 - Defina o objetivo e as metas do pensamento crítico

Por que os funcionários precisam pensar de maneira diferente, ser mais atenciosos, cometer menos erros e pensar além do *status quo*? Talvez seja para crescer a um ritmo mais rápido ou se tornar mais lucrativo. Talvez seja para abordar uma base de clientes em mudança e evitar ficar obsoleto, melhorar a participação no mercado ou aumentar a satisfação, qualidade ou inovação do cliente. Esses parecem objetivos óbvios, mas precisam ser declarados como objetivos claros na implementação do pensamento crítico e uma nova maneira de abordar a solução de problemas e as tomadas de decisões.

2 - Apoio à liderança

A liderança precisa adotar o processo e os conceitos e incentivar o pensamento crítico. Você não pode esperar que os funcionários perguntem "por quê?" se você não os tornarem seguros, incentive e espere que eles perguntem "por quê?". A maioria das empresas possui "valores corporativos, ou visão ou missões". Faça do pensamento crítico um deles, ou seja, "nós nos esforçamos para usar o pensamento crítico em nosso trabalho". O apoio à liderança é necessário para a sustentabilidade da implementação do pensamento crítico. Sem ele, as pessoas podem aprender as ferramentas e como implementar o pensamento crítico, mas isso não entrará no tecido de uma organização.

3 - Humildade

Todos temos algo a aprender. Mesmo os indivíduos e líderes mais talentosos poderiam usar algumas ferramentas novas em sua caixa de ferramentas. Essas pessoas precisam buscar melhorias em seu próprio trabalho. O pensamento crítico não é apenas para todos os outros, mas inclusive. Isso anda de mãos dadas com o item 2 anterior. Além disso, o pensamento crítico não garante que um erro nunca seja cometido. Aceite esses erros, entenda por que eles aconteceram e aprenda com eles.

4 - Educar

O pensamento crítico é uma habilidade aprendida. Educar indivíduos, gerentes e líderes, com o que é o pensamento crítico e como implementá-lo.

5 - Crie perguntas

Crie perguntas para incentivar o pensamento crítico.

Exemplo: temos clareza sobre qual é o objetivo, problema, meta, estado final e situação?

- » Como você avaliaria isso?
- » Como você avaliaria essa solução?
- » Pergunte: por quê?

> Por que resolver isso, por que esta tarefa está sendo solicitada, por que isso ocorreu etc.
> O quê? Qual o impacto? Quais são as consequências? E se não fizermos isso, ou atrasar uma semana? Como isso afeta nossos clientes, funcionários etc.? Qual é o valor?
> Em que informações essas premissas se baseiam?

Crie o hábito de fazer perguntas ao problema, e achará melhores maneiras para enfrentá-lo.

6 - Torne necessário o pensamento crítico para usar

Responsabilizem-se mutuamente pelo uso do pensamento crítico. Mesmo depois de aprendermos a usar o pensamento crítico, esqueceremos de usá-lo. Lembrem um ao outro e insista em usar as ferramentas. Mesmo que esteja fazendo apenas uma pergunta. Construir o uso do pensamento crítico na avaliação de desempenho de todos, tal como: "Onde você usou o pensamento crítico e que impacto teve?". Se você o usar, as pessoas que você supervisiona devem usá-lo. O mesmo acontece com a liderança sênior. Eles podem torná-lo necessário, fazendo perguntas de pensamento crítico. Construa o pensamento crítico nos processos. Se você precisar seguir o processo, precisará usar o pensamento crítico.

7 - Reconheça que você não pode e não precisa usá-lo o tempo todo

Não use demais o pensamento crítico. Assim como qualquer conjunto de ferramentas e habilidades, você não precisa usá-lo o tempo todo. Tomamos milhares de decisões por dia, desde qual par de sapatos usar e o que comer no café da manhã, até a contratação de um novo funcionário e a tomada de um cliente importante que afeta as decisões. Seja pragmático e o use para iniciados que fazem a diferença e quando o resultado pode ser realmente importante.

8 - Torne visível

Coloque alguns pôsteres, crie modelos de apresentação que tenham alguns componentes de pensamento crítico (suposições sendo feitas e por quê etc.). Use os termos pensamento, pensamento crítico etc. Em correspondência. Torne os sucessos do pensamento crítico visíveis nas lições aprendidas.

Um pouco de pensamento crítico permitirá que você tenha uma estratégia com alguns cenários, além de fornecer alguns itens de ação para mantê-lo ocupado e permitir que você se prepare.

HABILIDADE 3: CRIATIVIDADE

Ser criativo é ser capaz de conectar informações aparentemente díspares. E, a partir dessa conexão, construir novas ideias para apresentar algo "novo". A avalanche de novos produtos e novas tecnologias vem exigindo dos profissionais uma boa dose de criatividade. Mesmo com toda a ascensão da robótica avançada, as máquinas não têm ainda a capacidade criativa do ser humano. A criatividade já é uma ferramenta importante no mercado de trabalho de hoje. Mas, nos próximos anos, ela deverá se tornar uma habilidade imprescindível nas empresas. Porém a ideia de que a criatividade é algo que podemos realmente aprender e desenvolver ainda é relativamente nova.

A criatividade é frequentemente vista como uma qualidade que uma pessoa possui ou não. Há muito tempo é aceito como fato de que alguns de nós nascemos com a capacidade de pensar de forma imaginativa e inovadora, enquanto outros são mais práticos.

Recentemente, no entanto, houve uma mudança nessa maneira de pensar e novos estudos sugerem que a criatividade é realmente uma habilidade que podemos desenvolver ao longo do tempo.

É verdade que o pensamento criativo vem mais naturalmente para algumas pessoas do que para outras. Um estudo liderado pelo neurocientista cognitivo Roger Beaty descobriu que as pessoas criativas são mais capazes de coativar o pensamento espontâneo e as redes de pensamento controlado.

Essas redes desempenham um papel fundamental na geração e avaliação de ideias. Embora normalmente não sejam ativadas ao mesmo tempo, as varreduras de ressonância magnética mostraram que pessoas que são melhores em pensamento criativo parecem capazes de usar essas redes simultaneamente.

Mas, embora pareça que os cérebros criativos são "conectados" de maneira diferente, isso não significa que a capacidade de pensar fora da caixa não possa ser aprendida e desenvolvida.

Como a criatividade pode ser desenvolvida

Como a criatividade ainda não é totalmente compreendida e é difícil de medir, pode ser complicado identificar qualquer método para aprendê-la ou ensiná-la. Por esse motivo, os esforços para desenvolver a criatividade geralmente se concentram em entender como a mente criativa funciona e em aplicar processos de pensamento criativo, em vez de assistir a palestras ou seguir um conjunto específico de regras.

De fato, para pensar criativamente, você precisa estar disposto a desafiar as suposições existentes, estar aberto a novas ideias e possibilidades e sair da sua zona de conforto experimentando, explorando e fazendo perguntas constantemente.

O psicólogo e pesquisador líder em criatividade e inovação, Dr. Robert Epstein, identificou quatro competências essenciais que podem ajudar as pessoas a pensar de maneira mais criativa e gerar novas ideias. Sua pesquisa, publicada no Creativity Research Journal, mostra que o fortalecimento dessas quatro áreas pode aumentar bastante a criatividade.

Para o primeiro estudo, funcionários de Orange County, Califórnia, participaram de seminários de treinamento sobre criatividade que foram desenvolvidos para aumentar a proficiência nas quatro áreas. Quando os mesmos funcionários foram avaliados oito meses depois, aumentaram em 55% a taxa de geração de novas ideias.

Portanto, para quem procura desenvolver sua criatividade, Epstein recomenda trabalhar no seguinte:

1 - Capture novas ideias

Encontre uma maneira eficaz de preservar novas ideias à medida que elas ocorrem, sem julgá-las ou editá-las. Isso pode significar carregar um caderno e anotar suas ideias ao longo do dia ou usar um gravador de voz para registrar qualquer pensamento original no local.

2 - Procure desafios

Não se coíba de problemas ou projetos desafiadores. Mesmo se não houver uma solução ou resposta real para o problema, basta se forçar a pensar nas possibilidades que o ajudarão a gerar novas ideias. Buscar desafios também significa que você fracassará às vezes; portanto, aceitar o fracasso como uma possibilidade também é uma parte necessária em ser criativo.

3 - Amplie seus conhecimentos e habilidades

Epstein salienta que a aquisição de conhecimentos e habilidades fora da sua área de atuação atual disponibilizará conhecimentos mais diversificados para interconexão, que é a base do pensamento criativo. Você pode fazer isso tendo aulas ou cursos adicionais, participando de palestras ou lendo jornais em campos não relacionados.

4 - Gerencie seu ambiente

Seu ambiente também pode ter um grande impacto na maneira como você pensa, e Epstein diz que cercar-se de diversos e novos estímulos físicos e sociais pode estimular novas formas de pensar e ideias originais. Isso pode incluir qualquer coisa, desde expandir sua rede social até visitar museus, decorar seu trabalho ou estudar o espaço com objetos incomuns.

Um estudo de acompanhamento de Epstein confirmou que essas quatro competências treináveis podem melhorar a expressão criativa, mas também mostrou que a mais eficaz foi capturar novas ideias. Portanto, se você quiser começar algo simples, pegue um caderno de bolso e crie o hábito de documentar suas ideias, mesmo que elas não pareçam tão inovadoras.

Da mesma maneira que certas abordagens podem melhorar nossa criatividade, também existem algumas práticas comuns que podem prejudicar nossa capacidade de pensar criativamente.

Um estudo recente da Universidade de Toronto, Rotman School of Management, mostra que, embora a estrutura de informações possa nos ajudar a organizar nossas atividades e trabalhar com mais eficiência, muito conhecimento estruturado também pode nos tornar menos criativos.

Muita estrutura é inimiga da criatividade

Os pesquisadores projetaram uma série de experimentos para medir a criatividade e a flexibilidade cognitiva. Eles descobriram que, quando os participantes usavam conjuntos de informações categorizadas, eles exibiam menos criatividade e flexibilidade cognitiva do que quando trabalhavam com itens que não eram organizados de nenhuma maneira especial.

Portanto, se você é uma pessoa que adora estrutura e organização, talvez precise temporariamente deixar de lado seu desejo de categorizar e coordenar as cores, a fim de permitir que sua criatividade floresça.

Como a criatividade já está sendo ensinada

Embora seja altamente possível aprender e desenvolver a criatividade, ainda pode ser uma habilidade difícil de ensinar em sala de aula estruturada. Os ambientes das salas de aula podem, mesmo inadvertidamente, sufocar a criatividade, porque os alunos têm tanto medo de tirar notas baixas ou ficar constrangidos diante dos colegas que evitam os desafios e fogem de correr riscos.

A boa notícia, no entanto, é que, graças ao aumento da demanda de pessoas criativas na força de trabalho, um número crescente de universidades e institutos de ensino reconhece a necessidade de criatividade e começou a implementar suas próprias iniciativas para ensiná-la como uma habilidade.

Aqui estão alguns exemplos notáveis de escolas onde a criatividade já está sendo ensinada:

Minerva College

A Minerva College, uma faculdade em Claremont, Califórnia, adotou uma abordagem única para o ensino superior, porque, em vez de ensinar aos alunos assuntos ou habilidades, a instituição visa ensiná-los a pensar. Durante todo o primeiro ano, os alunos se concentram especificamente no pensamento crítico, na comunicação eficaz, no pensamento criativo e na interação eficaz.

O Dr. Stephen Kosslyn, ex-professor de Harvard e Stanford e reitor fundador da Minerva, diz que, em vez de treinar estudantes para uma profissão em particular, seu objetivo era fornecer a eles as ferramentas intelectuais necessárias para ter sucesso em empregos que talvez ainda não existam.

À medida que aprendem a pensar de forma criativa, os alunos são incentivados a realizar pesquisas de hipóteses, testar suas teorias, conduzir entrevistas e visualizar dados. Eles também aprendem a resolver problemas de forma criativa e a criar produtos, processos e serviços.

Universidade de Sydney

O professor Michael Anderson, da Faculdade de Educação e Serviço Social da Universidade de Sydney, está pesquisando o papel que a criatividade desempenha no aprendizado. Seu ensino tem como objetivo ajudar os alunos a entender como a criatividade e o processo criativo funcionam e a se envolver com suas próprias criatividades.

Em toda a unidade, os alunos têm a chance de explorar construções teóricas, sociológicas, psicológicas e políticas da criatividade, bem como diferentes abordagens à criatividade. Eles também entendem como a criatividade pode melhorar sua capacidade de pensar criticamente.

Universidade da Geórgia

O Centro Torrance de Criatividade e Desenvolvimento de Talentos da Universidade da Geórgia é um centro de pesquisa e instrução que visa investigar, implementar e avaliar técnicas que podem ser usadas para aprimorar o pensamento criativo. Algumas das maneiras pelas quais a criatividade já está sendo ensinada lá incluem pensar por analogia, procurar padrões e usar a brincadeira para incentivar novas ideias.

O centro também realiza pesquisas sobre o pensamento criativo, hospeda programas de desenvolvimento profissional e tem como objetivo servir como especialista em criatividade dentro e fora da comunidade universitária.

Evandro Carvalho

Características que desencadeiam o pensamento inovador

> "Não precisamos tentar criar características inovadoras nos indivíduos, simplesmente precisamos mostrar a eles como cultivar o pensamento inovador."

- » O momento de uma ideia inovadora.
- » A inovação acontece quando há necessidade de uma ideia específica em um momento específico.
- » O ambiente em que a ideia é formulada e desenvolvida.
- » A inovação prospera no ambiente apropriado ou encolhe a filial no ambiente errado.
- » A hora de desenvolver uma ideia ou inspiração.
- » A inovação requer tempo suficiente para que uma ideia se desenvolva.
- » O tempo e o ambiente organizacional que permite a fertilização cruzada de ideias.
- » Aprendendo com os erros.
- » A inovação pressupõe uma vontade de experimentar e aprender com os erros.
- » O desenvolvimento de uma ideia em um campo que pode ser adaptado a outro.

A inovação se beneficia do pensamento interdisciplinar.

AS 8 MANEIRAS DE AUMENTAR SUA CRIATIVIDADE COM A TECNOLOGIA

Dada a sua crescente importância, você deve estar se perguntando se há algo que possa fazer para promover a criatividade. Uma ferramenta que todos temos à nossa disposição, mas talvez nem sempre a usamos da maneira mais eficaz possível, é a tecnologia.

Embora a tecnologia às vezes seja vista como uma distração indesejável nos ambientes educacionais e no local de trabalho, ela também tem um enorme potencial para nos ajudar a pensar de novas maneiras e tropeçar nas ideias originais.

Portanto, se você quiser ser mais criativo em sua vida diária, aqui estão alguns passos:

1 - Sintonize as distrações certas

Professores e empregadores costumam lamentar o fato de que a tecnologia é uma distração, e é porque pode realmente ser bastante perturbadora. No entanto, quando se trata de ser criativo, as pesquisas mostram que as distrações podem ser realmente boas.

Um estudo descobriu que pessoas com baixa inibição latente, que é a capacidade de bloquear ou ignorar estímulos aparentemente irrelevantes, tendem a ter uma mistura mais rica de pensamentos em sua memória de trabalho. Isso faz sentido, porque se a atenção está constantemente mudando de uma coisa para outra, seja uma conversa em duas mesas ou o som de crianças brincando lá fora, seus pensamentos tendem a ser mais aleatórios do que alguém que se concentra em apenas uma coisa de uma vez. Mas se você deseja gerar ideias úteis, é importante sintonizar as distrações "certas". Por exemplo, se você está tentando ter ideias para uma nova postagem no *blog*, jogar xadrez no seu telefone pode não ser particularmente útil, mas ler assuntos relacionados ao tópico sobre o qual você deseja escrever pode ser.

2 - Tente se abrir para coisas novas

Todos sabemos a sensação desconfortável que é abrir nosso aplicativo ou *site* favorito apenas para descobrir que sua interface foi atualizada e que não parece mais a mesma ou funciona exatamente como costumava ser.

Mas, embora seja da natureza humana se sentir desconfortável com coisas novas, uma característica importante das pessoas criativas é a abertura a novas experiências, ideias e oportunidades. Portanto, se você espera usar a tecnologia como uma ferramenta para a criatividade, tente não se sentir muito à vontade com o que você já conhece ou se feche para novos recursos, aplicativos e ferramentas.

3 - Desfoque a linha entre trabalho e lazer

Uma coisa importante que as pessoas criativas tendem a fazer de maneira diferente é embaçar a linha entre trabalho e lazer. Embora na superfície isso possa parecer ruim, entender que trabalho e diversão não precisam ser mutuamente exclusivos é, na verdade, a chave para um melhor equilíbrio entre vida pessoal e profissional.

Depois de aceitar que pode se divertir enquanto trabalha, e que é possível ter ideias brilhantes relacionadas ao trabalho durante o tempo de inatividade, você estará mais aberto a novas formas de pensar em novas ideias. Portanto, em vez de abordar a tecnologia com a atitude "isto é para o trabalho e isso é para brincar", procure maneiras de usá-la de forma criativa em todas as áreas da sua vida, seja no trabalho, em casa ou em movimento.

4 - Use a tecnologia para impor restrições

Geralmente recorremos à tecnologia quando queremos facilitar as coisas para nós mesmos, mas usá-la para impor restrições também pode ser uma boa maneira para fazer com que nossos sucos criativos fluam.

Pesquisas mostram que, quando nos deparamos com muitas opções ou consideramos algo em termos de possibilidades ilimitadas, tendemos a ficar sobrecarregados e, na verdade, acabamos pensando menos criativamente. Portanto, para evitar isso, às vezes precisamos limitar nossas escolhas, colocando algumas restrições em prática.

5 - Equilibre a privacidade e o compartilhamento

Quando você começa a usar a tecnologia como parte do seu processo criativo, é muito mais fácil compartilhar seu trabalho amplamente, mas a criatividade pode ser sufocada pelo excesso de compartilhamento, especialmente nos estágios iniciais. Portanto, pense com cuidado sobre o quanto de sua criatividade você deseja compartilhar com o mundo.

Pesquisas mostram que o processo criativo tende a envolver um período de "incubação" ou tempo gasto sozinho, durante o qual seus pensamentos têm a chance de vagar livremente. Isso é bom porque, para todas as boas ideias que você apresenta, haverá inúmeros outras que você não necessariamente quer que os outros vejam.

Além disso, embora o *feedback* possa às vezes ser valioso, o pensamento do grupo também pode sufocar a criatividade e a inovação, por isso é importante encontrar o equilíbrio certo entre compartilhar ideias e colaborar e estabelecer limites pessoais.

6 - Use a tecnologia para fazer perguntas

Você provavelmente já ouviu o ditado de que não existe uma pergunta estúpida e, quando se trata de criatividade, isso pode ser particularmente verdadeiro. Quando você pensa em uma nova ideia, na verdade recupera algo da sua memória e o conecta a qualquer tópico em que está pensando.

Portanto, se você precisar despertar uma ideia ou ideia criativa, fazer a si mesmo perguntas, mesmo que pareçam tolas, pode ajudá-lo a recuperar informações aparentemente não relacionadas da memória e a olhar as coisas sob uma nova luz.

Obviamente, quanto mais perguntas você fizer sobre um tópico, mais ideias gerará; portanto, um excelente uso da tecnologia é gerar e responder perguntas.

7 - Encontre as ferramentas tecnológicas certas

Nem toda tecnologia irá inspirá-lo ou despertar sua criatividade; portanto, você precisará gastar tempo aprendendo quais ferramentas tecnológicas funcionariam melhor para você. Por exemplo, você pode achar que o TED Talks desperta sua curiosidade e o leva a fazer perguntas interessantes, ou talvez você descubra que o uso de fones de ouvido para criar ruído ambiente o ajuda a se concentrar na tarefa em questão e a pensar de forma mais criativa.

Se você não tiver certeza de quais ferramentas, aplicativos ou recursos atenderiam melhor às suas necessidades, faça uma pesquisa e leia os principais *blogs* de tecnologia e aproveite os programas ou aplicativos com avaliações gratuitas e faça testes até achar os aplicativos ideais para você.

8 - Divirta-se com isso

Por fim, se você quiser colher os benefícios criativos da tecnologia, tente se divertir um pouco com ela. Os pesquisadores descobriram que o humor pode aumentar o pensamento criativo e as habilidades de resolução de problemas, porque ajuda a pensar de forma mais ampla e a associar ideias e relacionamentos mais livremente.

Outro estudo descobriu que crianças que jogavam mais *videogame* eram mais criativas em tarefas como desenhar e escrever histórias, independentemente do tipo de jogo que jogavam.

Portanto, não tenha medo de assistir a um vídeo engraçado sobre gatos no YouTube, passar alguns minutos jogando um *videogame* ou compartilhar o meme que fez você rir. A criatividade não é algo que possa ser forçado; portanto, quanto mais você se libertar e se divertir, maiores serão as suas chances de pensar de novas maneiras e se deparar com ideias brilhantes e inovadoras.

HABILIDADE 4: GESTÃO DE PESSOAS

Mesmo com o avanço de áreas como inteligência artificial e a automação do trabalho, funcionários sempre serão recursos valiosos para qualquer empresa. No entanto, como qualquer ser humano, os funcionários têm dias ruins, ficam cansados, doentes, distraídos e desmotivados. Daí a importância da gestão de pessoas. Saber gerenciar pessoas significa saber motivar equipes, maximizar a produtividade e responder às necessidades dos funcionários. A gestão de pessoas é uma ferramenta muito importante e se conecta diretamente com a inteligência emocional.

15 ETAPAS PARA MELHORAR SUAS HABILIDADES DE GERENCIAMENTO DE PESSOAS

As pessoas não são fáceis de quantificar e controlar. Todos temos nossas esperanças e sonhos individuais, bem como nossas próprias opiniões e fraquezas. Somos imperfeitos, mas também motivados, fortes e poderosos.

Como gerente, não é fácil gerenciar um grupo de pessoas. Os humanos são durões, e quando você é o líder, é difícil não orar por uma varinha mágica que possa ajudá-lo a alinhar sua equipe. Você quer liderar, mas às vezes pode parecer que sua equipe não está ouvindo. Às vezes, parece que você não está fazendo um ótimo trabalho. Felizmente, você sempre pode melhorar a maneira como gerencia as pessoas. Se você empregar nosso processo de 15 passos, estará no caminho certo para desenvolver essa habilidade e criar uma equipe motivada, tão poderosa e forte quanto você.

1 - Defina seus objetivos

Os líderes geralmente têm as melhores intenções, mas são envolvidos no gerenciamento das tarefas do dia a dia, apagando incêndios em vez de trabalhar para unir seu pessoal sob uma visão compartilhada. A falta de orientação deixa os membros da equipe confusos quanto ao propósito. Eles sabem que estão trabalhando duro, mas é difícil ver o impacto deles. Eles não sabem quais iniciativas priorizar. Como líder, você não apenas precisa de uma visão clara, mas também precisa comunicá-la bem.

Certamente, como gerente, você tem razões pelas quais deseja melhorar. Talvez você seja responsável pelas metas de grandes empresas nas quais precisa da sua equipe ou talvez sinta que suas estratégias de liderança não são ineficazes, que seus relatórios não gostam nem respeitam você. Talvez você pense que é um gerente muito bom, mas que faz parte do seu trabalho trabalhar continuamente para melhorar a si mesmo.

Não importa a sua história, defina seus objetivos – e os anote. Um famoso estudo conduzido pela Harvard Business School em 1979 constatou que aqueles que anotaram seus objetivos tinham muito mais chances de obter maior sucesso profissional.

Somos todos diferentes, e suas áreas de fraqueza serão diferentes das minhas. Depois de definir suas metas, você deve determinar as áreas a serem melhoradas. Como fazer isso? Considere fazer uma variedade de avaliações profissionais e testes de personalidade para avaliar onde você está.

2 - Comunique-se de forma eficaz

A comunicação com os funcionários é a pedra angular da liderança eficaz. Na sua essência, a comunicação é se expressar para que as coisas que você pensa e as que você diz estejam estreitamente alinhadas.

Você precisa comunicar:

» Prioridades;
» Objetivos e prazos;
» Informações estratégicas e de execução;
» Gratidão.

Trabalhe para entender os diferentes estilos de comunicação da sua equipe. Dessa forma, você poderá adaptar sua própria comunicação da maneira mais eficaz. Além disso, se você sentir que não é um bom comunicador, tente escrever as coisas por escrito. Planeje o que você vai dizer antes de uma reunião, isso ajudará você a melhor se comunicar.

Sua equipe possui muitas informações sobre você como líder, informações que podem ajudá-lo a melhorar. Diga à sua equipe que você está trabalhando para melhorar suas habilidades de liderança. Envie uma pesquisa, permitindo que os membros da sua equipe permaneçam anônimos. Pergunte aos funcionários como você está indo como gerente, em que você pode melhorar o que eles fazem e não gostam no seu estilo. Conduza reuniões individuais com seus subordinados diretos e pergunte a eles como é que você pode ser um gerente melhor.

Existem quatro estilos de comunicação em que todos caímos. Ao ler e entender esses quatro estilos, você poderá se comunicar melhor com aqueles com quem trabalha.

» **Pensadores:** precisam de tempo para processar e pensar antes de responder. Eles trabalham devagar, delibe-

radamente, e querem ter certeza de que tudo está certo.
- » **Socializadores:** prosperam ao conversar com os outros e obtêm energia de seus colegas. Os socializadores trabalham rápido, têm ótimas ideias e processam informações muito rapidamente.
- » **Diretores:** são conhecidos por fazer as coisas com rapidez e eficiência. O processo acontece rapidamente, tomam decisões rápidas e gostam de pesquisas e fatos comprovados.
- » **Relatores:** são orientados para o relacionamento e gostam de trabalhar com outras pessoas. Ao contrário dos socializadores, eles se movem em um ritmo mais lento e calmo.

3 - Seja organizado

Quando pensamos em ser organizados, imaginamos um espaço de trabalho limpo, mas a organização se estende a itens de execução, como planejamento, cronogramas e controle, entre outras. A organização é fácil para alguns, impossível para outros, mas precisa ser realizada. Uma das razões pelas quais os líderes são ineficazes é porque eles não estão por toda parte. Eles não têm as soluções de *software* corretas, não têm certeza sobre seus objetivos e têm dificuldade em resolver conflitos. A organização pode ajudar. No início de cada mês ou trimestre, descreva as áreas desorganizadas e confusas e defina estratégias sobre como elas podem ser melhoradas.

4 - Faça cursos de liderança

Às vezes, é difícil melhorar por conta própria. Cursos podem ajudar. Olhe para as faculdades e universidades locais para ver se eles oferecem algum curso sobre liderança. Existem muitos cursos *on-line* que você pode fazer no seu próprio ritmo.

5 - Leia os livros de gerenciamento

Todos os dias, você se depara com os mesmos problemas e é improvável que sua mentalidade mude. Os livros transportam você para fora de si mesmo e permitem que você analise sua situação sob novas perspectivas.

6 - Aprenda a ouvir

Uma das maiores reclamações dos funcionários em todos os lugares é que eles não se sentem ouvidos. Eles não sentem que têm a capacidade de expressar sua opinião ou fazer uma mudança positiva na organização. Quando falam, eles se sentem ignorados, e isso os torna infelizes e desmotivados. Existem cinco aspectos da boa audição:

- » Receber;
- » Entender;
- » Lembrar;
- » Avaliar;
- » Responder.

Você precisa entender todas as cinco etapas para ouvir seus funcionários.

7 - Pratique elogios e recompensas

Para ser um bom líder, você precisa dar *feedback* aos seus

funcionários, especialmente elogios e recompensas. Ao elogiar um funcionário, seja específico. Em vez de dizer "você está fazendo um ótimo trabalho", destaque um projeto específico e explique por que a ajuda dele era tão importante, tente: "O projeto para o cliente ABC foi muito difícil, mas a maneira como você comunicou as necessidades deles a toda a equipe é o que nos fez acertar. Fiquei realmente impressionado com isso. Bom trabalho". Em uma pesquisa da Harvard Business Review sobre o engajamento dos funcionários, 72% dos entrevistados disseram que reconhecer o alto desempenho teve um grande impacto no engajamento.

8 - Encontre um mentor ou treinador

Pode ser difícil avaliar com precisão suas próprias habilidades de liderança. É por isso que muitos recorrem a treinadores executivos, mentores e outros em quem podem confiar. Talvez você já tenha um mentor, ou talvez haja alguém a quem possa recorrer para uma avaliação honesta de suas habilidades. Treinadores executivos também são uma ótima opção. Aqueles que se especializam em liderança podem trabalhar com você para identificar seus pontos fortes e fracos e o ajudar a elaborar um plano para atingir seus objetivos.

9 - Seja mais transparente

As empresas estão começando a adotar a transparência no local de trabalho. Como líder, você está em uma ótima posição, pode ser transparente com os funcionários e informar o que está acontecendo. Por sua vez, eles estarão mais engajados e o considerarão um líder melhor.

10 - Crie um sistema de feedback

É ótimo que você tenha investido tanto em se tornar um líder melhor, mas precisa voltar continuamente ao seu pessoal para descobrir como está se saindo. Implemente um sistema para dar e receber *feedback*, para que seus funcionários sempre sintam que podem se expressar quando algo estiver errado. Por exemplo, muitas empresas oferecem análises de desempenho trimestralmente, mas essas análises também devem permitir que os funcionários façam sugestões aos gerentes.

11 - Entenda os processos e saiba delegar

É difícil respeitar a gerência que não consegue fazer as coisas. Alguém que não pode "fazer" é problemático, é como ter um capitão de navio que nunca aprendeu a navegar. Se um líder não tem o conjunto de habilidades para atender às demandas, e ter a capacidade de fazer as coisas acontecerem, provavelmente não é um grande líder. Isso não significa que os líderes precisam ter os joelhos no âmago da questão; eles simplesmente precisam delegar e criar cronogramas efetivamente para garantir que as metas sejam cumpridas.

12 - Tenha senso Justiça

Nada frustra mais os funcionários do que o flagrante favoritismo. Claro, haverá membros da sua equipe de que você mais gosta do que outros, mas expressar seus verdadeiros sentimentos é veneno para uma equipe que precisa se unir. O favoritismo é juvenil e pode envenenar uma equipe. Se você realmente prefere alguns membros da equipe mais do que outros, precisa criar limites para colocar seu profissionalismo em xeque. Quando você sair para almoçar, convide todos. Como gerente, você precisa fazer amigos e contatos profissionais, não melhores amigos.

13 - Esteja aberto a mudanças

A mudança é a única constante em nossas vidas, e as equipes olham para seus líderes quando os mares ficam tempestuosos e as cavernas escurecem. Como líder, você precisa se adaptar e aceitar mudanças, prosperando na transição. Quando as mudanças ocorrerem, force-se a ser otimista, mesmo se estiver preocupado. Conecte-se com as pessoas certas, mas seja honesto com seu ceticismo e esteja pronto para mudar a maneira como você faz as coisas. Quando alguém sugere liderar reuniões de uma nova maneira, não hesite. Considere cuidadosamente por que você se sente assim e tenha a mente aberta sobre uma nova maneira de fazer as coisas.

14 - Capacidade de pensar estrategicamente

É frustrante trabalhar em um local em que os líderes realizam pequenos projetos sem muita estratégia. Buscamos orientação dos líderes em tudo e, quando sentimos que eles não estão sendo deliberados, entramos em pânico. Basicamente, as pessoas querem entender como você alcançará os objetivos da empresa. Você deve ser capaz de pensar e agir estrategicamente para ter sucesso como líder. As pessoas não têm estratégia porque não estão gastando tempo para refletir. Crie um tempo estratégico para o seu dia de trabalho. Você precisa de tempo para refletir sobre as situações, para poder conectar ideias para mostrar à sua equipe que você pode fazer as coisas acontecerem.

15 - Não evite conversas difíceis

Conversas estressantes são inevitáveis. Demitir alguém, falar sobre um problema que surgiu no escritório ou criticar o mau desempenho, tudo isso causa muito estresse. Os líderes são bons em ter essas conversas. Eles podem falar com graça, pedir informações e fazer com que as pessoas se sintam seguras, mesmo quando o conteúdo é difícil.

HABILIDADE 5: COORDENAÇÃO COM OS OUTROS

Em resumo, colaboração com os outros nada mais é que trabalho em equipe, que por sinal é fundamental em qualquer ambiente de trabalho. E, nesse aspecto, os seres humanos conseguem se sair melhor do que as máquinas. De acordo com o relatório da WEF, as organizações estão privilegiando a contratação de profissionais com fortes habilidades interpessoais, que sejam capazes de se relacionar bem com colegas de trabalho e superiores – em suma, que saibam se coordenar com os outros. A coordenação com os outros é uma habilidade social importante, que envolve saber se comunicar, trabalhar com pessoas de diferentes personalidades e, acima de tudo, lidar com as diferenças encontradas em cada uma delas. Trabalhar com um grupo de pessoas para alcançar um objetivo ou resultado compartilhado de maneira eficaz, ouvindo outros membros da equipe, aceitando as ideias de todos, não apenas as suas, trabalhando para o bem do grupo como um todo. Uma equipe de sucesso é aquela em que as habilidades e os pontos fortes exclusivos de todos ajudam a equipe a alcançar um objetivo compartilhado da maneira mais eficaz.

Por que as habilidades de trabalho em equipe são importantes?

O trabalho em equipe é vital se você deseja trabalhar bem com colegas e colegas de equipe. Você provavelmente terá que trabalhar como parte de uma equipe em muitas áreas da vida, de projetos no trabalho a planejar uma festa de aniversário em família.

Quanto melhor você trabalhar com os outros, mais bem-sucedida será sua carreira e sua equipe alcançará seus objetivos. Os funcionários geralmente precisam colaborar ou trabalhar com outras pessoas para concluir tarefas e projetos, ter habilidades e experiência em trabalho em equipe fará com que você tenha melhores experiências, agregando muito em seu currículo, e na sua vida pessoal. A maneira óbvia de aprimorar suas habilidades de trabalho em equipe é fazer parte de uma equipe!

A construção de habilidades de trabalho em equipe ajudará você a: aumentar sua confiança na contribuição de ideias para um projeto, participar ativamente da criação de energia e atmosfera positivas durante o projeto, apoiar todos os colegas que precisam de apoio extra e receba instruções de líderes de equipe, assumir a responsabilidade por suas tarefas em um projeto. A maioria das formas de trabalho com mais de um funcionário envolve o trabalho em equipe. O trabalho em equipe é um pouco mais complicado do que apenas fazer parte de um grupo de pessoas. A diferença entre uma equipe boa e uma ruim é o quão bem elas trabalham juntas.

Suas habilidades de trabalho em equipe podem ajudá-lo no trabalho de todos os tipos. Talvez você esteja trabalhando em equipe em um projeto de construção em que é vital pensar na saúde e segurança de si e de seus colegas de equipe. Talvez você precise se reunir em equipe para criar um relatório mensal para um cliente com um prazo apertado.

Boas habilidades de trabalho em equipe também lhe darão mais chances de avançar em sua carreira. As pessoas podem vê-lo como alguém com uma atitude positiva que acha que os objetivos da empresa são importantes. Uma atitude como essa pode ajudá-lo a obter mais oportunidades, responsabilidades, treinamentos e promoções ao longo do tempo.

Exemplos de habilidades de trabalho em equipe

As habilidades de trabalho em equipe são compostas por muitas outras habilidades que você pode trabalhar para desenvolver ao longo do tempo. Aqui estão apenas alguns exemplos de qualidades que podem ajudá-lo a melhorar suas habilidades de trabalho em equipe:

Comunicação

A capacidade de se comunicar de maneira clara e eficiente é crucial para ter boas habilidades de trabalho em equipe. Ao trabalhar com outras pessoas, é importante que você compartilhe pensamentos, ideias e informações importantes. Existem muitos tipos diferentes de habilidades de comunicação, incluindo a verbal e não verbal.

Responsabilidade

Dentro da dinâmica do trabalho em equipe, é importante que todas as partes envolvidas compreendam o trabalho pelo qual são responsáveis e se esforcem para concluir as tarefas pontualmente e dentro do padrão esperado. Com toda a equipe funcionando adequadamente, assumindo a responsabilidade por seu próprio trabalho, todos podem trabalhar juntos em direção a um objetivo comum.

Honestidade

É importante ser honesto com sua equipe. Isso pode significar compartilhar um desacordo, explicar que você não foi capaz de concluir uma determinada tarefa no prazo ou compartilhar um novo desenvolvimento. Sem transparência, pode ser difícil para uma equipe desenvolver confiança e, portanto, trabalhar em conjunto com eficiência.

Escuta ativa

Assim como a comunicação, as habilidades de escuta ativa podem ajudar uma equipe a entender e confiar uma na outra. A escuta ativa é o ato de fazer um esforço para se concentrar intensamente em uma pessoa enquanto ela compartilha suas ideias, pensamentos ou sentimentos. Você também pode fazer perguntas de acompanhamento para aprofundar o que elas estão se comunicando.

Empatia

Ter empatia por seus colegas de equipe pode permitir que você entenda melhor seus motivos e sentimentos. A compreensão profunda de como os outros pensam e trabalham pode ajudá-lo a se comunicar com eles de uma maneira que eles responderão positivamente.

Colaboração

O trabalho em equipe existe para que um grupo de indivíduos com um conjunto diversificado de habilidades e talentos possa trabalhar junto para criar algo melhor do que se poderia criar por conta própria. É crucial trabalhar com outros colegas para compartilhar ideias, melhorar os trabalhos uns dos outros e ajudar uns aos outros a formar uma boa equipe.

Consciência

No trabalho em equipe, é importante aprimorar sua capacidade de estar sempre atento à dinâmica da equipe. Por exemplo, se uma pessoa está dominando a conversa ou não permite que outras pessoas compartilhem ideias, é importante que o equilíbrio seja restaurado para que cada companheiro de equipe contribua de maneira uniforme. Como alternativa, se uma pessoa tende a hesitar em compartilhar ideias, é importante criar espaço para que todos os colegas se sintam à vontade para contribuir com suas habilidades únicas.

Como criar e melhorar as habilidades de trabalho em equipe

Embora possa levar tempo e trabalho para melhorar uma habilidade leve, como trabalho em equipe, certamente é possível criar essas qualidades. Aqui estão algumas etapas que você pode seguir para melhorar suas habilidades de trabalho em equipe:

1 - Crie um projeto

Encontre oportunidades para trabalhar em grupo. Depois, certifique-se de contribuir com o grupo e ajudar outras pessoas a se envolverem.

2 - Participe de um grupo local

Muitos grupos correm em áreas locais para todos os tipos de interesses, incluindo conservação, política, interesses especiais e esportes coletivos. Participar de um grupo é uma ótima maneira de desenvolver suas habilidades de trabalho em equipe.

3 - Obtenha feedback honesto

Pode ser difícil identificar suas próprias áreas de melhoria. Encontrar um amigo, colega ou mentor de confiança que possa oferecer um *feedback* honesto sobre os pontos fortes e fracos do seu trabalho em equipe pode ajudá-lo a melhorá-los.

4 - Estabeleça metas pessoais

Usar suas próprias observações e *feedback* de outras pessoas para formar metas alcançáveis, relevantes e com tempo limitado pode ajudá-lo a melhorar uma habilidade de trabalho em equipe por vez. O uso da estrutura de metas SMART é uma maneira fácil de definir metas apropriadas para sua carreira.

5 - Prática

Leva tempo e prática para ver melhorias em seu conjunto de habilidades. Preste muita atenção às suas interações no trabalho em equipe ao longo do dia, dentro e fora do trabalho. Tome medidas conscientes para praticar as qualidades específicas que você está tentando construir.

Modele pessoas com fortes habilidades de trabalho em equipe

Quando você verificar exemplos de excelente trabalho em equipe, tome nota e identifique por que a interação se destacou para você. Aplique essas qualidades em suas próprias interações ao trabalhar com outras pessoas.

O desenvolvimento de habilidades de trabalho em equipe pode ajudá-lo tanto na sua carreira quanto na busca de novas oportunidades. Reserve um tempo para avaliar seu conjunto de habilidades atual e identificar áreas de melhoria. Com tempo e prática, você pode começar a desenvolver um forte conjunto de habilidades de trabalho em equipe. Lidar com a mudança de maneira positiva é algo importante para começar um esforço colaborativo para uma equipe feliz. Aprenda a abraçar a mudança de maneira positiva. Tememos mudanças no trabalho porque estão associadas ao medo do fracasso, ao medo do sucesso, ao medo das críticas e ao desconhecido. Retire os sentimentos negativos que acompanham uma mudança em uma organização. No entanto, com a atitude certa, você poderá fazer com que seus funcionários colaborem de maneira mais eficaz.

Outro requisito importante de uma equipe eficaz é ter uma expectativa clara do papel que cada membro da equipe desempenha. Provavelmente, não é possível que as equipes trabalhem juntas de maneira eficaz se houver alguma incerteza quanto às funções. Isso criará ressentimento. Quando você não sabe como o papel de uma pessoa é diferente de outra, nunca será capaz de trabalhar bem em conjunto. Comece quando você delineia novas metas para sua equipe, e defina a função e as responsabilidades de cada membro para alcançá-las.

Um bom trabalho em equipe naturalmente ocorrerá quando sua equipe tiver as habilidades certas de trabalho em equipe e colaboração. Trabalho em equipe é algo que estamos tentando adquirir em qualquer lugar. Porque juntos todos conseguem mais. É uma maneira de uma força de trabalho saudável, onde os funcionários são tratados como indivíduos. Uma boa equipe abre o caminho para o sucesso. Aproveite ao máximo cada membro da sua equipe para se transformar em um grande império.

> Uma ótima maneira de desenvolver suas habilidades de trabalho em equipe é se voluntariar para qualquer projeto de equipe e dizer a si mesmo: "Podemos fazer isso juntos".

HABILIDADE 6: INTELIGÊNCIA EMOCIONAL

Só para ilustrar: o conceito de "inteligência emocional" foi popularizado pelo psicólogo Daniel Goleman, e envolve reconhecer e avaliar as emoções de outras pessoas, estabelecerem empatia com esses sentimentos e produzir os resultados desejados. A inteligência emocional compreende também identificar nossos próprios sentimentos, para que possamos nos motivar e gerir as emoções dentro de nós. É uma habilidade social importante para os gestores e líderes, de acordo com o relatório da WEF, será muito demandada em todas as indústrias do futuro.

Muitos de nós estamos cientes do QI (Quociente de Inteligência), projetado para medir a inteligência intelectual, que fornece uma pontuação de uma série de testes. QI mais alto indica melhor habilidade cognitiva, ou a capacidade de aprender e entender. Pessoas com QI mais alto são mais propensas a se saírem academicamente melhor sem exercer a mesma quantidade de esforço mental que aquelas com escores mais baixos de QI.

Uma suposição lógica, portanto, é que pessoas com QI mais alto terão mais sucesso no trabalho e ao longo da vida. Essa suposição foi provada incorreta, há mais sucesso do que simplesmente ser "inteligente".

Inteligência Emocional (EI ou, por vezes, EQ - Quociente Emocional) é um conceito mais moderno e só foi totalmente desenvolvido em meados da década de 1990 por Goleman.

Quando a existência de inteligência emocional foi revelada pela primeira vez, ela apareceu como o elo que faltava para explicar esse fato estranho: 70% das vezes, pessoas com QI médio tiveram melhor desempenho do que outras com QI mais alto. Essa anomalia minou totalmente a ideia geralmente aceita de que o QI era o único fator de sucesso.

Hoje, décadas de pesquisa se referem à inteligência emocional como o fator crítico que diferencia os melhores indivíduos da multidão. O nexo de causalidade é tão claro que 90% dos melhores profissionais desempenham um alto índice de coeficiente emocional. Pesquisas estimam que o QI representa apenas 20% do sucesso profissional e que o EI (em nível interpessoal e intrapessoal), além da personalidade do candidato, é um melhor indicador de sucesso.

Benefícios da inteligência emocional

Pessoas com maior inteligência emocional acham mais fácil formar e manter relacionamentos interpessoais e "encaixar-se" em situações de grupo. Pessoas com maior inteligência emocional também são melhores para entender seu próprio estado psicológico, o que pode incluir o gerenciamento eficaz do estresse e a menor probabilidade de sofrer de depressão.

Não há correlação entre os escores de QI e EI

Em outras palavras, a aptidão acadêmica (QI) não tem conexão com a forma como as pessoas entendem e lidam com suas emoções e as emoções dos outros (IE). Isso faz todo sentido: todos nós conhecemos pessoas muito inteligentes que, no entanto, não tinham ideia de como lidar com as pessoas e o contrário. Algumas pessoas têm QI alto e inteligência emocional (EI) baixa e vice-versa, enquanto outras têm uma pontuação alta nos dois e outras não. QI e inteligência emocional (EI) tentam medir diferentes formas de inteligência humana; juntamente com a personalidade, essas medidas compõem a psique de um indivíduo.

A inteligência emocional é a parte da psique humana que podemos desenvolver e melhorar aprendendo e praticando novas habilidades.

Em última análise, a inteligência emocional só pode ser medida pela maneira como um indivíduo progride ao longo da vida, desenvolvendo relacionamentos significativos com os outros, suas habilidades e entendimento interpessoais, sua capacidade de gerenciar suas próprias emoções e suas habilidades pessoais.

Goleman dividiu a Inteligência Emocional em competências "pessoais" e "sociais", que dividem amplamente as habilidades pessoais e interpessoais. Dentro de cada uma dessas seções, há uma série de habilidades que são os elementos da inteligência emocional.

Estudos mostram que pessoas com níveis mais altos de inteligência emocional desfrutam de carreiras e relacionamentos mais bem-sucedidos.

Se você pensar em maneiras de melhorar sua inteligência emocional, é provável que se torne mais carismático, interessante e atraente para os outros e, também, aumentará sua autoestima.

Aptidões ou Competências Pessoais	Aptidões ou Competências Sociais
Como nos gerenciamos	Como lidamos com relacionamentos com outras pessoas
AUTOCONSCIÊNCIA Consciência emocional Autoavaliação precisa Autoconfiança **AUTORREGULAÇÃO** Autocontrole Confiabilidade Conscienciosidade Adaptabilidade Inovação **MOTIVAÇÃO** Unidade de conquista Comprometimento Iniciativa Otimismo	**EMPATIA** Compreendendo os outros Desenvolvendo os outros Orientação de serviço Alavancando a diversidade Consciência política **HABILIDADES SOCIAIS** Influência Comunicação Conflito de gestão Liderança Catalisador de mudança Construindo títulos Colaboração e cooperação Capacidades da equipe

Baseado em Trabalhando com Inteligência Emocional, de Daniel Goleman.

Reconhecendo e gerenciando emoções

Reconhecer e entender suas próprias emoções explicam por que elas são às vezes tão fortes. O autor oferece algumas ideias práticas sobre como você pode gerenciar suas próprias emoções para poder usá-las e aproveitá-las, mas não ser totalmente governadas por elas.

O que são emoções?

Emoções são sentimentos. Para começar a entender suas emoções, você precisa se fazer duas perguntas:

- » **Como eu me sinto?**
- » **Como eu sei?**

Mas outros também têm emoções. Ao mesmo tempo em que está ciente de seus próprios sentimentos, você também precisa estar ciente dos sentimentos dos outros.

Você também precisa perguntar:

- » **Como os outros se sentem e como eu sei?**

Existem várias maneiras de saber como os outros estão se sentindo, mas principalmente observando o que dizem e como se comportam, incluindo a linguagem corporal. Pesquisas sugerem que mais de 80% da comunicação é não verbal, o que significa que vêm da linguagem corporal e da expressão facial. Muitos de nós não gostam de falar sobre nossas emoções, especialmente se elas realmente importam para nós, então elas tendem a se expressar ainda mais em nossa linguagem corporal.

Emoções e o cérebro

As emoções não são conscientemente controladas. A parte do cérebro que lida com as emoções é o sistema límbico. Pensa-se que essa parte do cérebro tenha evoluído bastante cedo na história humana, tornando-a bastante primitiva. Isso explica por que uma resposta emocional geralmente é bastante direta, mas muito poderosa: você quer chorar, fugir ou gritar.

É porque essas respostas são baseadas na necessidade de sobreviver.

As emoções estão fortemente ligadas à memória e à experiência. Se algo ruim já aconteceu com você, é provável que sua resposta emocional a esse estímulo seja forte.

Os bebês sentem emoção, mas não podem necessariamente raciocinar. As emoções também estão intimamente ligadas aos valores: uma resposta emocional pode dizer que um dos seus principais valores foi desafiado.

Compreender esse *link* para a memória e os valores fornece a chave para gerenciar sua resposta emocional. Suas respostas emocionais não necessariamente têm muito a ver com a situação atual ou com a razão, mas você pode superá-las com razão e tendo consciência de suas reações.

NOTA: tire um tempo para perceber suas respostas emocionais e considere o que pode estar por trás delas, sejam valores, memórias ou experiências. Considere também o que resulta em emoções positivas e o que é mais negativo. Lembre-se, você pode mudar como se sente.

Aprendendo a gerenciar as emoções

"Qualquer um pode ficar zangado – isso é fácil, mas zangar-se com a pessoa certa, no grau certo, no momento

> certo, com o objetivo certo e da maneira certa –, isso não está ao alcance de todos e não é fácil."
>
> (Aristóteles)

A energia positiva alta permite que você tenha um bom desempenho, mas você não pode permanecer nesse estado para sempre. Mais cedo ou mais tarde, você precisa reduzir a energia. Mantenha-se positivo e você se recuperará rapidamente. Mergulhe em sentimentos mais negativos, e você se sentirá esgotado.

Energia negativa alta é um lugar bastante desconfortável para se estar: parece que você está lutando pela sobrevivência o tempo todo. Novamente, você terá que reduzir a energia em algum momento, pois isso pode levar ao esgotamento.

Exercícios para ajudá-lo a gerenciar as emoções

Há uma série de exercícios que você pode executar que o ajudará a gerenciar suas emoções. Muitos deles são bem gerais, mas tente porque você pode achar que eles funcionam.

1. **Exercício físico:** isso libera substâncias químicas de recompensa e prazer no cérebro, como a dopamina, o que faz você se sentir melhor. Estar em forma também o torna mais saudável, o que ajuda no gerenciamento de emoções.
2. **Seja gentil com os outros**, porque isso ajuda a impedir que você se preocupe.
3. **Esteja aberto e aceite o que está acontecendo ao seu redor.** Aprenda a apreciar o que está acontecendo

e evite críticas excessivas aos outros ou a situações. Isso está ligado à atenção plena, que consiste em estar ciente do que está acontecendo no momento.
4. **É bom conversar.** Passe algum tempo com outras pessoas e desfrute de sua companhia.
5. **Distraia-se.** Sim, você realmente é superficial. Assistir um pouco à TV, ler ou navegar na *Internet* provavelmente o ajudará a esquecer que estava se sentindo um pouco triste.
6. **Não ceda ao pensamento negativo.** Se você estiver tendo pensamentos negativos, desafie-os, procurando evidências contra eles.
7. **Passe algum tempo ao ar livre,** especialmente ao redor da natureza, é muito útil para acalmar as emoções. Há evidências de que precisamos ver horizontes; portanto, se você puder subir uma colina e observar a vista, verá.
8. **Seja grato.** Agradeça aos outros pessoalmente por fazer coisas boas para você e se lembre disso.

Essa lista pode parecer antiquada, mas talvez nossos avós soubessem algo sobre gerenciamento de emoções que podemos ter esquecido. Encontrar o equilíbrio certo para você pode ajudar a reduzir seus níveis de estresse e a combater a depressão.

Aplicando razão à emoção

Como dissemos anteriormente, você pode mudar como se sente. A chave é estar ciente de sua resposta emocional e entender o que pode estar por trás disso. Dessa forma, você pode aplicar algum motivo à situação.

Por exemplo, você pode fazer algumas perguntas sobre possíveis cursos de ação, como:

- » Como me sinto com essa situação?
- » O que acho que devo fazer sobre isso?
- » Que efeito isso teria para mim e para outras pessoas?
- » Essa ação se encaixa nos meus valores?
- » Caso contrário, o que mais eu poderia fazer para caber melhor?
- » Existe alguém mais que eu possa perguntar sobre isso que possa me ajudar?

Isso ajuda você a aplicar a razão a uma resposta emocional antes de reagir.

Exemplo: suponha que você tenha medo de ficar no escuro, porque uma vez você foi trancado em um quarto escuro quando criança. Você sempre tem uma resposta emocional ao escuro por causa de sua experiência anterior. Mas você pode se lembrar de que agora está crescido e que não há nada para assustá-lo. Tudo o que precisa fazer é caminhar até a luz e acendê-la. Ao praticar isso, você pode ajudar seu cérebro a entender que não há necessidade de ficar com medo e gradualmente treinar seu sistema límbico.

As emoções são importantes

Vale a pena conhecer os nossos sentimentos e os dos outros. Pessoas altamente inteligentes emocionalmente fazem isso o tempo todo. Como qualquer outra, é uma habilidade que pode ser desenvolvida e que vale a pena adquirir.

> "Aprendi que as pessoas esquecerão o que você disse, as pessoas esquecerão o que você fez, mas as pessoas nunca esquecerão como você as fez sentir."
> (Maya Angelou)

SEIS SINAIS DE QUE VOCÊ NÃO TEM INTELIGÊNCIA EMOCIONAL E COMO CORRIGI-LOS

1 - Você se estressa facilmente

Sentimentos reprimidos tendem a criar tensão, estresse e ansiedade. As emoções reprimidas colocam a mente e o corpo sob pressão. Ter alta inteligência emocional ajuda a gerenciar o estresse, permitindo identificar e lidar com situações difíceis antes que elas aumentem.

Aqueles que não usam sua inteligência emocional podem recorrer a maneiras menos eficazes de gerenciar seu humor. Eles são duas vezes mais propensos a experimentar ansiedade, depressão, vício e até pensamentos suicidas.

2 - Você está ressentido

As emoções negativas causadas por um ressentimento persistente são uma fonte de estresse. O simples fato de lembrar de um evento específico causa uma reação de alarme em seu corpo, um reflexo de sobrevivência que, diante de uma ameaça, o leva ao modo de luta ou fuga. Quando a ameaça é iminente, esse mecanismo é essencial para sua segurança; se já estiver velho, alimentar esse estresse é prejudicial ao seu corpo e pode até ter sérias consequências a longo prazo para sua saúde. De fato, os pesquisadores mostraram que a sensação de estresse alimentar aumenta a pressão arterial e causa doenças cardiovasculares.

Apegar-se ao seu rancor é apegar-se ao seu estresse, que as pessoas emocionalmente inteligentes sempre têm o cuidado de evitar. Muito pelo contrário, superar o ressentimento fornece não apenas alívio, mas também benefícios à saúde.

> Pessoas que não têm controle sobre suas vidas emocionais estão constantemente envolvidas em batalhas internas que sabotam sua capacidade de se concentrar em seu trabalho e de ter um pensamento claro.
>
> (Daniel Goleman)

3 - Você tem problemas para se afirmar

Pessoas com um EI alto tendem a ter uma boa educação, empatia e benevolência, mas também a capacidade de se afirmar e estabelecer limites. Esse delicado equilíbrio é ideal para gerenciar conflitos.

A maioria das pessoas, quando chateada, adota automaticamente uma postura passiva ou agressiva. No entanto, pessoas emocionalmente inteligentes permanecem firmes e evitam reações emocionais excessivas. Isso lhes permite neutralizar indivíduos que são difíceis, ou mesmo tóxicos, sem criar inimigos.

4 - Seu vocabulário emocional é limitado

Todos sentimos emoções, mas apenas 36% das pessoas podem identificá-las com precisão assim que ocorrem. Isso é problemático, pois emoções mal definidas são muitas vezes mal compreendidas, levando a decisões irracionais e ações contraproducentes. Pessoas com um QE alto controlam suas emoções porque as entendem e usam um léxico emocional desenvolvido para descrevê-las. Onde a maioria simplesmente diz que não se sente "bem", as pessoas emocionalmente inteligentes saberão se atualmente estão "irritáveis", "frustradas", "oprimidas" ou "ansiosas". Quanto mais precisos os termos, mais somos capazes de entender exatamente o que estamos sentindo, por que e o que fazer sobre isso.

5 - Você nunca esquece seus erros

Pessoas emocionalmente inteligentes dão um passo atrás em seus erros, sem esquecê-los.

Mantendo uma distância razoável, mas não a ponto de perder de vista os fatos, elas são capazes de adaptar seu comportamento para obter melhores resultados no futuro. É preciso uma grande autoconsciência (um dos pontos principais da inteligência emocional) para encontrar esse equilíbrio entre memória e ruminação. Obcecar e refletir sobre seus erros o deixará ansioso e com medo, enquanto esquecê-los completamente o condenará a repeti-los para sempre. É sua capacidade de transformar seus erros em oportunidades de progresso que lhe permitirá encontrar um equilíbrio adequado. Isso aumentará a probabilidade de você se levantar logo após cada queda.

6 - Você nunca fica com raiva

Inteligência emocional não é apenas ser legal. É saber gerenciar suas emoções para obter os melhores resultados possíveis, o que às vezes implica mostrar quando você está triste, frustrado ou chateado.

Esconder constantemente suas emoções sob uma máscara feliz e positiva não é sincero nem construtivo. Pessoas emocionalmente inteligentes podem expressar suas emoções negativas ou positivas, dependendo da situação. De fato, uma emoção tem três estágios: a carga, quando a emoção é causada pelo sistema cognitivo, a resposta e a liberação da emoção, ou evacuação.

Na maioria dos casos, a evacuação é manifestada por gritos, choro ou nome do sentimento. Se a emoção não puder ser evacuada (por causa da boa moral, o fato de que chorar em público não é ideal para a sua vida social ou que os gritos costumam ser mal percebidos), a emoção real é então transformada em emoção parasitária. Uma emoção parasitária é uma emoção enterrada.

Um medo parasitário não é um medo natural. Por exemplo, uma pessoa que tem medo de voar tem uma emoção perturbadora que pode desaprender emocionalmente. As emoções "reais" não duram mais que dez minutos, geralmente menos. Outras emoções mais sentidas são "emoções parasitárias" ou "emoções de interferência", causadas por uma forte emoção que aconteceu no passado, mas que não foi liberada.

Você pode trabalhar no gerenciamento de suas emoções parasitas que fluem de suas emoções reais passadas e antigas que ainda não foram evacuadas.

Descarregar suas emoções indesejadas faria você se sentir bem, sereno, o que pode ser uma vantagem nos negócios. Tente identificá-los e deixá-los ir. Ao contrário do QI, o EI é extremamente maleável.

Quando você treina seu cérebro praticando repetidamente comportamentos emocionalmente inteligentes, constrói as conexões necessárias dentro do cérebro para torná-lo um modo de vida.

Quanto mais o cérebro consolida o uso dessas novas habilidades, mais desaparecem as conexões das quais dependem nossos hábitos prejudiciais. Assim como aprender um novo idioma, se você criar padrões com base em suas novas habilidades começará rapidamente a mostrar inteligência emocional em resposta ao seu ambiente, de maneira natural.

HABILIDADE 7: JULGAMENTO E TOMADA DE DECISÃO

Diante do gigantesco volume de dados que as organizações estão reunindo nos dias de hoje, é cada vez maior a necessidade de profissionais com capacidade não apenas de ler e interpretar essas informações, mas também de tomar decisões cruciais. De acordo com relatório da WEF, o julgamento e tomada de decisões será uma habilidade fundamental no mercado de trabalho de 2020. Os profissionais do futuro deverão examinar números, encontrar *insights* nas informações analisadas e utilizar o *big data* para tomar decisões estratégicas nas empresas. Tomar decisões e resolver problemas são duas áreas chaves na nossa vida, seja a vida pessoal ou profissional. O que quer que você esteja fazendo, e onde quer que esteja, você se depara com inúmeras decisões e problemas, pequenos e grandes todos os dias.

Muitas decisões e problemas são tão pequenos que podemos nem notá-los, mesmo pequenas decisões, no entanto, podem ser esmagadoras para algumas pessoas, elas podem parar e ficar estagnadas quando se deparam com um dilema e tentam decidir o que fazer, as pessoas costumam dizer que acham difícil tomar decisões. Infelizmente, todos nós temos que tomar decisões o tempo todo, desde questões triviais como o que almoçar, até decisões que mudam a vida, como onde e o que estudar e com quem se casar.

Algumas pessoas adiam as tomadas de decisão, procurando incessantemente mais informações ou fazendo com que outras pessoas ofereçam suas recomendações. Outras recorrem à tomada de decisão votando, colocando um alfinete em uma lista ou jogando uma moeda.

Decisões pequenas e grandes

No seu dia a dia, é provável que você encontre inúmeras "pequenas decisões", incluindo por exemplo:

- » Chá ou café?
- » O que eu terei no meu sanduíche?
- » O que vou vestir hoje para ir ao trabalho?
- » Devo comer uma salada no almoço?

Decisões maiores podem ocorrer com menos frequência, mas podem surgir como:

- » Devemos repintar a cozinha? Se sim, de qual cor?
- » Devemos nos mudar?
- » Devo me casar e passar o resto da vida com meu parceiro?
- » Devo entrar num relacionamento extraconjugal?

Essas decisões, e outras similares, podem levar um tempo e esforço consideráveis para serem decididas.

Minha intenção aqui é estabelecer uma estrutura para ajudá-lo no processo de tomada de decisão, você nem sempre precisará usar toda a estrutura, ou mesmo usá-la, mas essa abordagem que tratarei aqui pode ser útil se estiver um pouco "preso" e precisar de algo para ajudá-lo a tomar uma decisão mais difícil.

O que é tomada de decisão?

No seu sentido mais simples, a tomada de decisão é o ato de escolher entre dois ou mais cursos de ação.

No processo mais amplo de solução de problemas, as tomadas de decisão envolvem a escolha entre as possíveis soluções para um problema. As decisões podem ser tomadas por meio de: um processo intuitivo ou racional, ou uma combinação dos dois.

Intuição

A intuição está usando seu "pressentimento" sobre possíveis cursos de ação.

Embora as pessoas falem sobre isso como se fosse um "sentido" mágico, a intuição é, na verdade, uma combinação de experiências passadas e seus valores pessoais. Vale a pena levar em consideração sua intuição, pois reflete seu aprendizado sobre a vida. No entanto, nem sempre é baseada na realidade, apenas em suas percepções, muitas das quais podem ter começado na infância e, como resultado, podem não ser muito maduras.

Portanto, vale a pena examinar atentamente o seu instinto, especialmente se você tiver um sentimento muito forte contra um determinado curso de ação, para ver se consegue descobrir o porquê e se o sentimento é justificado.

Raciocínio

O raciocínio é usar os fatos e números à sua frente para tomar decisões.

O raciocínio tem suas raízes no aqui e agora e nos fatos. No entanto, pode ignorar aspectos emocionais da decisão e, em particular, questões do passado que podem afetar a maneira como a decisão é implementada.

A intuição é um meio perfeitamente aceitável de tomar uma decisão, embora seja geralmente mais apropriada quando a decisão é de natureza simples ou precisa ser tomada rapidamente.

Decisões mais complicadas tendem a exigir uma abordagem mais formal e estruturada, geralmente envolvendo intuição e raciocínio. É importante ter cuidado com reações impulsivas a uma situação.

Aplicando razão e intuição

Uma maneira de fazer isso é aplicar os dois aspectos de uma só vez, é útil começar com a razão e reunir os fatos e números. Depois ter uma óbvia "decisão", agora é a vez da intuição. Como você se sente sobre a resposta? Parece certo? Se não, dê uma outra olhada e veja se consegue descobrir por que não. Se você estiver emocionalmente comprometido com a decisão que tomou, você não a implementará bem ou efetivamente.

Tomada de decisão eficaz

As decisões precisam ser capazes de ser implementadas, seja em nível pessoal ou organizacional. Portanto, você precisa se comprometer pessoalmente com a decisão, e ser capaz de convencer aos outros de seus méritos. Um processo eficaz de tomada de decisão precisa garantir que você seja capaz de fazê-lo.

O QUE PODE IMPEDIR UMA TOMADA DE DECISÃO EFICAZ?

Existem vários problemas que podem impedir uma tomada de decisão eficaz. Estes são alguns:

1 - Informações insuficientes

Se não tem informações suficientes, pode parecer que está tomando uma decisão sem qualquer base, reserve um tempo para reunir os dados necessários para informar sua decisão, mesmo que a escala de tempo seja muito pequena, priorize sua coleta de informações, identificando quais serão mais importantes para você.

2 - Demasiada informação

O problema é oposto, mas surpreendentemente visto com frequência, ter tantas informações conflitantes que é impossível tomar uma decisão. Isso às vezes é chamado de paralisia de análise e também é usado como uma tática para atrasar as tomadas de decisão nas organizações, com os envolvidos exigindo cada vez mais informações antes que possam decidir. Esse problema pode ser resolvido reunindo todos para decidir quais informações são realmente importantes e por que, estabelecendo um prazo claro para as tomadas de decisão, incluindo um estágio de coleta de informações.

3 - Muitas pessoas

Tomar decisões por um comitê é difícil, todo mundo tem seus próprios pontos de vista e seus próprios valores. E, embora seja importante saber quais são essas visões, e por que, e como elas são importantes, pode ser essencial que uma pessoa assuma a responsabilidade em tomar uma decisão, para que não comprometa o processo e este fique estagnado.

4 - Interesses adquiridos

Os processos de tomada de decisão geralmente se fundam sob o peso de interesses adquiridos, esses interesses adquiridos geralmente não são expressos abertamente, mas podem ser um bloqueio crucial. Como eles não são expressos abertamente, é difícil identificá-los claramente e, portanto, resolvê-los, mas às vezes pode ser possível explorá-los com alguém de fora do processo, mas em uma posição semelhante, também é possível explorar os aspectos racionais/intuitivos das partes interessadas por meio de um facilitador externo para apoiar o processo.

5 - Anexos emocionais

As pessoas geralmente são muito apegadas ao *status quo*. As decisões tendem a envolver a perspectiva de mudança, que muitos acham difícil, mas se lembre de que "decidir não decidir" também é uma decisão.

6 - Nenhum apego emocional

Às vezes, é difícil tomar decisão, porque você simplesmente não se importa com o fato em questão, nesse caso o processo estruturado de tomada de decisão geralmente ajuda a identificar alguns prós e contras muito reais de ações específicas, sobre as quais talvez você nunca tenha pensado antes.

ESTRUTURA DO PROCESSO DE TOMADA DE DECISÃO EFICAZ

Vou apresentar a você um modelo de sete estágios projetado para uso em organizações, no entanto não há razões para que possa usar o método de forma simplificada na sua vida pessoal, o aspecto mais importante é passar por todas as etapas, por sua vez, mesmo que seja apenas para decidir que elas não são relevantes para a situação atual.

1 - Listagem de possíveis soluções ou opções

Para elaborar uma lista de todas as soluções ou opções disponíveis, geralmente é apropriado usar um processo de solução de problemas em grupo ou individual. Esse processo pode incluir *brainstorming* ou algum outro processo de geração de ideias, esse estágio é importante para os processos gerais de tomada de decisão, pois uma decisão será tomada a partir de uma seleção de opções fixas. Lembre-se sempre de considerar a possibilidade de não tomar uma decisão ou não fazer nada e esteja ciente de que ambas as opções são realmente possíveis soluções em si mesmas.

Estabelecendo uma escala de tempo e decidindo que é o responsável pela decisão

Ao decidir quanto tempo disponibilizará para o processo de tomada de decisão, leve em consideração o seguinte:

- » Quanto tempo está disponível para gastar nessa decisão?
- » Existe um prazo para essa tomada de decisão?
- » Quais são as consequências de não se cumprir esse prazo?
- » Existe alguma vantagem para tomada de decisão rápida?
- » Quão importante é que a decisão tomada esteja certa?
- » Passar mais tempo melhorará a qualidade da decisão?

Nota: lembre-se de que às vezes uma decisão rápida é mais importante do que uma decisão "certa" e que, outras vezes, o inverso é verdadeiro.

2 - Responsabilidade pela decisão

Antes de tomar uma decisão, você precisa deixar claro quem assumirá a responsabilidade por ela, porém nem sempre são os que tomam decisões que devem assumir a responsabilidade por elas. Pode ser um indivíduo, um grupo ou uma organização, e essa é uma definição fundamental, porque o grau em que a responsabilidade por uma decisão é compartilhada pode influenciar bastante o risco que as pessoas estão dispostas a assumir. Se a tomada de decisão for para o trabalho, é útil considerar a estrutura da organização levando em consideração os itens abaixo:

- » O indivíduo é responsável por suas decisões ou a organização detém a responsabilidade final.
- » Quem deve executar o curso da ação decidindo?
- » Quem será afetado se algo der errado?

Finalmente, você precisa saber quem pode realmente tomar a decisão. Ao ajudar um amigo, colega ou cliente a tomar uma decisão, na maioria das circunstâncias a decisão e a responsabilidade final serão tomadas por eles. Essa ideia de responsabilidade também destaca a necessidade de manter um registro de como qualquer decisão foi tomada, em quais informações ela se baseou e quem esteve envolvido. É necessário manter informações suficientes para justificar essa decisão no futuro, para que, se algo der errado, seja possível mostrar que sua decisão foi razoável na circunstância, dado o conhecimento que você possuía no momento da decisão.

3 - Coleta de informações

Antes de tomar uma decisão, todas as informações relevantes precisam ser coletadas, se houver informações inadequadas ou desatualizadas, é mais provável que uma decisão errada possa ser tomada. Se houver muitas informações irrelevantes, será difícil tomar uma decisão e será mais fácil se distrair com fatores desnecessários. Portanto, você precisa de informações atualizadas e precisas sobre quais decisões vai tomar. No entanto, a quantidade de tempo gasto na coleta de informações deve ser ponderada, em relação ao quanto você está disposto a arriscar tomar a decisão errada. Em uma situação de grupo, como no trabalho, pode ser apropriado que diferentes pessoas pesquisem diferentes aspectos das informações necessárias. Por exemplo, pessoas diferentes podem ser alocadas para concentrar suas pesquisas em custos, instalações e disponibilidade, entre outras informações que se façam necessárias.

4 - Pensando os riscos envolvidos

Questão chave: quantos riscos devem ser assumidos na tomada de decisão, geralmente a quantidade de riscos que um indivíduo está disposto a correr depende de:

> » A seriedade das consequências ao tomar a decisão errada.
> » Os benefícios em tomar a decisão certa.
> » O quão ruim pode ser o pior resultado, mas também a probabilidade de esse resultado acontecer.

Também é útil considerar qual pode ser o risco do pior resultado possível e decidir se o risco é aceitável. A escolha pode ser entre "fazer o possível para o sucesso" ou tomar uma decisão segura.

5 - Decisões sobre valores e crenças

Todo mundo tem seus próprios valores e crenças, o que acredita ser importante e essencial. As decisões que você tomar serão, em última análise, baseadas em seus valores e crenças. Isso significa que a decisão certa para você pode não ser a certa para outra pessoa, se a responsabilidade por uma decisão for compartilhada, é possível que uma pessoa não tenha os mesmos valores e crenças que outras. Nesses casos, é importante obter um consenso sobre quais valores devem receber mais peso. É importante que os valores sobre uma decisão tomada sejam entendidos, porque eles terão forte influência na escolha final.

6 - Pensando os prós e os contras

É possível comparar diferentes soluções e opções, considerando as possíveis vantagens e desvantagens de cada uma. Uma boa maneira de fazer isso é usar um balanço, ponderando os prós e os contras associados a essa solução, tente considerar cada aspecto, cada situação, e por sua vez identifique os bons e os maus. Tendo listado os prós e os contras, pode ser possível decidir imediatamente qual é a melhor opção. No entanto, também pode ser útil classificar cada um dos prós e contras em uma escala simples de 1 a 10 (sendo 10 mais importante e 1 menos importante), ao pontuar cada um dos prós e contras, irá clarear para você a importância de cada item da lista pata atender aos valores acordados.

7 - Tomar a decisão

Finalmente, é a hora de realmente tomar a decisão!

Sua coleta de informações deve ter fornecido dados suficientes para fundamentar uma decisão e agora você conhece as vantagens e desvantagens de cada opção. Você pode chegar a esse estágio e ter uma visão lúcida acerca da decisão a ser tomada, porém, se ainda se sente desconfortável, revisite o processo, pois você pode ter colocado uma ponderação inadequada em algum fator.

Se possível, é melhor reservar um tempo para refletir sobre uma decisão, uma vez que tenha decidido, é preferível pensar nela antes de anunciar a outras pessoas, depois que uma decisão é tornada pública será muito difícil ser mudada. Para decisões importantes, vale sempre manter um registro das etapas que você seguiu no processo de tomada de decisão, dessa forma, se você for criticado por tomar uma decisão ruim, poderá justificar seus pensamentos com base no que você usou na época; além disso, mantendo um registro e se engajando no processo de tomada de decisão, você fortalecerá sua compreensão de como ele funciona, o que pode facilitar futuras decisões de gerenciamento.

NOTA: sua intuição ou pressentimento é um forte indicador de que a decisão é certa para você e se encaixa em seus valores e crenças.

```
Tendo tomado a decisão
```

Finalmente, e talvez o mais importante, depois de tomar uma decisão, não perca seu tempo pensando "e se". Se algo der errado e você precisar revisitar a decisão, faça. Caso contrário, aceite a decisão e siga em frente.

```
HABILIDADE 8: ORIENTAÇÃO AO SERVIÇO
```

As empresas de produtos alimentícios, serviços financeiros e tecnologia da informação estão sendo cada vez mais confrontadas com novas preocupações dos consumidores. Dúvidas relacionadas à segurança alimentar e privacidade são frequentemente formuladas. E, caso não sejam adequadamente respondidas pelas empresas, conduzem à perda de clientes, prestígio e reputação. As habilidades de atendimento ao cliente são exatamente o que a frase sugere, as habilidades necessárias para fornecer um serviço aos seus clientes. O bom atendimento ao cliente é uma parte essencial, vista como grande diferencial competitivo.

Há um mundo de diferença entre um bom e um mau atendimento ao cliente. Um bom atendimento ao cliente, seja antes, durante ou depois de uma venda, resulta em cliente satisfeito, ou mesmo, se você se saiu particularmente bem, satisfeito. Isso geralmente se traduz em boas críticas, recomendações de boca a boca para outras pessoas e repetição personalizada. O mau atendimento ao cliente, por outro lado, resulta em clientes insatisfeitos, críticas ruins e falta de venda.

Compreendendo o atendimento ao cliente

Atendimento ao cliente tem tudo a ver com a prestação de um serviço aos clientes. O atendimento ao cliente não se refere ao serviço de "pós-venda", ou vendas ou *marketing*: são todos juntos. Refere-se a cada ponto de contato com seus clientes, ou seja, toda vez que eles fazem contato com a organização de uma forma ou de outra: site, telefone, *e-mail*, pessoalmente.

Quem é responsável pelo atendimento ao cliente? Você respondeu "ninguém" ou "eu não sei", ou respondeu "equipe de atendimento ao cliente", errou...

A resposta real, no entanto, é "todo mundo".

O atendimento ao cliente começa quando seus clientes entram em contato com sua organização pela primeira vez, seja pessoalmente ou olhando para o seu *site*.

Quando você pensa assim, fica claro que tudo o que qualquer pessoa na organização faz pode afetar a experiência de seus clientes em sua organização e, portanto, faz parte do serviço ao cliente.

Entendendo como o atendimento ao cliente está mudando

Há dez ou vinte anos, a maioria das organizações tinha um departamento de "atendimento ao cliente" definido. Depois que os clientes concluíram uma compra, a responsabilidade por eles foi transferida da equipe de "vendas", na loja para varejo, *on-line* ou representantes de vendas para vendas entre empresas, para a equipe de "atendimento ao cliente". Se eles tiveram um problema com o produto, pegavam o telefone e ligavam para o número de atendimento ao cliente.

Isso tornou o atendimento ao cliente relativamente simples:

você treinou sua equipe de atendimento ao cliente e garantiu que ela soubesse responder aos clientes. Tarefa concluída.

Nos últimos anos, no entanto, o número de maneiras pelas quais os clientes podem se comunicar com as organizações se expandiu enormemente a partir de *e-mail*, telefonemas, redes sociais, Reclame Aqui, entre outros fóruns de discussão. Esses recursos também expandiram massivamente as maneiras pelas quais clientes insatisfeitos podem espalhar a notícia sobre maus tratamentos e a velocidade com que podem fazê-lo. Isso, portanto, dificultou o atendimento ao cliente e tornou mais importante acertar.

Essa expansão no número de maneiras pelas quais os clientes podem entrar em contato com as organizações aumentou muito a carga de trabalho potencial para as equipes de atendimento ao cliente. Eles precisam acompanhar muito mais opções, incluindo o monitoramento de vários *sites* de mídia social. Ao mesmo tempo, no entanto, muitos funcionários também estão totalmente independentes de seu trabalho nas redes sociais como indivíduos. O número de pessoas disponíveis para interagir com os clientes e defender a organização também aumentou.

As organizações não demoraram a reconhecer o potencial para isso, incentivando os funcionários a acessar as mídias sociais e responder diretamente aos clientes quando tiverem o conhecimento necessário para ajudar. Isso, no entanto, também significou que mais pessoas precisam ser treinadas em como lidar com os clientes.

Obviamente, as organizações também precisam ter certeza de que os funcionários agirão como defensores, e não simplesmente concordarão com os clientes insatisfeitos indo contra a empresa!

Em outras palavras, as organizações agora precisam garantir que toda a equipe, e não apenas a equipe de atendimento ao cliente, esteja envolvida e feliz, e entenda como interagir com os clientes.

Essa é uma situação potencialmente difícil para muitas organizações, mas muitas também acertaram e estão mostrando os benefícios de funcionários engajados e maior satisfação do cliente.

A chave para oferecer um bom atendimento ao cliente

Na verdade, não é particularmente difícil oferecer um bom atendimento. A chave é se concentrar no cliente e no que ele precisa e quer de você, em todas as etapas anteriores, durante e após a compra.

Para conseguir isso, é importante tentar construir um relacionamento com ele.

Cada vez mais, poucos de nós procuram um relacionamento transacional com qualquer organização. Não queremos mais comprar um único produto e seguir em frente sem mais contato com uma marca. Em vez disso, queremos construir um relacionamento mais duradouro com uma organização ou marca que genuinamente nos vê como indivíduos e entende nossas necessidades. Isso vale tanto para o varejo quanto para provedores de serviços, como bancos e seguradoras.

Essa é uma boa notícia para as organizações e para os clientes, porque é muito mais barato reter um cliente do que procurar outro, e aqueles satisfeitos podem até sair e encontrar novos clientes para você!

Você pode fazer várias coisas para garantir que os clientes estejam satisfeitos com seu serviço. Isso inclui:

» **Responder rapidamente aos clientes**, seja *on-line*, nas mídias sociais ou por telefone. Especialmente eletronicamente, e particularmente pelas mídias sociais, os clientes esperam uma resposta instantânea mais ou menos, assim como esperam uma resposta para uma ligação telefônica dentro do horário comercial normal. É bom respeitar isso e responder rapidamente. Se você não tiver uma resposta completa, responda pelo menos para mostrar que viu a mensagem e está lidando com ela. Se o cliente estiver reclamando, uma resposta provavelmente deve direcioná-lo para uma mensagem privada, em vez de uma interação contínua em público.

» **Conhecer seus clientes,** mantendo registros de suas interações. Ninguém deseja repetir sua história novamente quando ligar de novo ou precisar fornecer mais informações se ligar depois de enviar um *e-mail* por um tempo. Ter registros precisos de conversas, trocas de *e-mail* e assim por diante e, fundamentalmente, mantê-los, para que você possa rastrear por cliente e não separadamente por canal, significa que você poderá responder a seus clientes individualmente e com o conhecimento completo da história deles.

» **Reconhecer e corrigir erros o mais rápido possível.** Muitas vezes, tudo o que um cliente insatisfeito deseja é um pedido de desculpas e uma maneira de corrigir o problema ao fazer uma reclamação. Certifique-se de que a equipe tenha poderes para fornecer os dois o mais rápido possível. Um pedido de desculpas não significa uma admissão de responsabilidade. É perfeitamente possível pedir desculpas sem admitir responsabilidade.

Frases úteis incluem:

"Sinto muito que você tenha tido essa experiência. Parece realmente horrível".

No entanto, é importante reconhecer e validar a experiência ruim do seu cliente, e um pedido de desculpas pela experiência é uma boa maneira de fazer isso.

HABILIDADES PARA UM BOM ATENDIMENTO AO CLIENTE

Com esse foco nas necessidades do cliente e na construção de relacionamentos, é relativamente fácil identificar as habilidades mais importantes para oferecer ótimas experiências e atendimento ao cliente. Elas incluem:

Habilidades auditivas

Ser capaz de ouvir um cliente e entender seu problema é talvez a habilidade mais importante para um bom atendimento ao cliente.

Nesse contexto, "ouvir" inclui "ser capaz de ler e entender o que um cliente significa em um *e-mail* ou mensagem *on-line*". É claro que isso é mais difícil, porque você não tem linguagem corporal ou tom de voz para ajudá-lo.

A escuta eficaz requer ouvir o que o cliente está dizendo e o que ele não está dizendo, mas também o que pode estar frustrando-o. Por exemplo, os clientes podem telefonar para perguntar se uma determinada informação pode ser resolvida pelo *site* ou somente com alguém da equipe de atendimento. Você pode apontá-los na direção certa, mas pode haver um problema mais amplo sobre a navegabilidade do seu *site* ou até mesmo com o atendimento presencial. Um bom atendimento ao cliente significa identificar e resolver esses problemas mais amplos.

Você também pode precisar demonstrar aos clientes que está ouvindo, por exemplo, refletindo ou parafraseando o que eles acabaram de dizer. Isso faz parte da escuta, mas vale a pena considerar separadamente, devido à sua importância.

Habilidades de comunicação

Além das habilidades de escuta, as habilidades gerais de comunicação são uma parte importante do bom atendimento ao cliente. É essencial se comunicar com clareza para que os clientes saibam o que esperar e o que estão recebendo. As falhas de comunicação podem ser caras, principalmente em termos de boa vontade do cliente, mas também se você precisar fazer algo que custa dinheiro adicional como resultado.

O uso de linguagem positiva pode ajudar a garantir que você mantenha os clientes focados nos aspectos positivos da situação. Por exemplo, há uma enorme diferença entre:

"Sinto muito, esse produto não está em estoque e não estará disponível por mais uma semana" e "Esse produto deve estar disponível na próxima semana, mas se você quiser, posso encomendá-lo agora e providenciar o envio assim que voltar ao estoque".

O significado é o mesmo, mas no segundo há uma sensação de que você está fazendo um pouco mais pelo cliente e, também, está fechando uma venda ao mesmo tempo! A chave, como antes, é se concentrar em como você atenderá às necessidades dos clientes, o que é muito mais positivo do que explicar por que você não pode ajudá-los no momento.

Paciência

Às vezes, a paciência é vista como um conceito antiquado, uma virtude que tem pouco espaço em nosso mundo veloz. É, no entanto, importante no atendimento ao cliente, porque muitos clientes só entram em contato com as organizações quando já estão frustrados e irritados. Isso pode fazê-los se comunicar menos claramente do que o habitual.

Não ajudará se você também ficar frustrado e irritado.

Cultivar a paciência pode permitir que você ouça atentamente o que eles estão dizendo e escolha as questões importantes a serem abordadas. Também o ajudará a garantir que você realmente resolveu o problema inteiro, e não fique tentado a sair pela tangente ou quando apenas parte do problema foi resolvido.

Dito isso, também é importante saber quando fechar uma conversa: ou seja, quando você tiver feito todo o possível para ajudar o cliente, e ele estiver pronto para seguir em frente.

Ser capaz de manter a calma

A capacidade de manter a calma em uma crise é valorizada há muitos anos, se não séculos. Falamos sobre "manter a calma e seguir em frente" e "ter um lábio superior rígido", e consideramos essas virtudes. Certamente é verdade que ser capaz de manter a calma, mesmo quando os que estão ao seu redor estão estressados e com raiva, é uma habilidade vital para qualquer pessoa que atenda ao cliente, porque muitos clientes que fazem contato estarão nesse estado. Isso não significa que você deva ignorar os motivos pelos quais seu cliente esteja zangado ou não reconhecer sua raiva. Em vez disso, significa simplesmente que você não está "infectado" por suas emoções, mas também pode ver além da raiva, sobre o que precisa ser feito para corrigir a situação.

Empatia

A empatia, ou a capacidade de se colocar no lugar de outra pessoa e estar ciente de seus sentimentos e emoções, é uma habilidade importante para quem lida com outras pessoas, mas principalmente se você estiver prestando um serviço aos clientes. Aqueles que entram em contato com organizações com um problema podem muito bem se sentir extremamente emocionais: zangados, frustrados ou até desamparados. Ser capaz de reconhecer essas emoções, mesmo por meio do telefone ou de mensagens *on-line*, é uma habilidade vital.

Na sua forma mais simples, significa que você será capaz de entender os problemas e problemas dos clientes e apreciar como resolvê-los de uma maneira que funcione para eles. Em particular, isso significa que você pode apreciar e responder às emoções deles, bem como à lógica do problema deles. Essa capacidade de "sentir" e "ouvir" é uma parte importante da prestação de um ótimo serviço ao cliente, porque garante que os clientes realmente se sintam entendidos.

Resiliência

E a capacidade de não levar as coisas para o lado pessoal ou a capacidade de se recuperar após um revés é útil no atendimento ao cliente.

É um fato triste que muito poucos clientes telefonam para dizer quão boa é a sua organização. A maioria entrará em contato com uma reclamação ou um problema e, portanto, as pessoas que desempenham funções de atendimento ao cliente precisam de muita resiliência.

Parte disso é desenvolver um entendimento de que seus clientes não querem dizer isso pessoalmente. Eles não estão com raiva de você – bem, provavelmente não, de qualquer maneira, a menos que você tenha feito algo para provocá-los – mas podem muito bem desabafar, e você está representando a organização no momento certo. Ser capaz de ver isso significa que você não ficará na defensiva, mas poderá se desculpar e apreciar o argumento do cliente.

Habilidades de persuasão

As habilidades de persuasão podem ser uma inclusão surpreendente em uma lista sobre como atender às necessidades do cliente. No entanto, às vezes, os clientes precisam ser orientados e convencidos de que o que eles querem pode realmente não atender às suas necessidades.

Ter boas habilidades de persuasão pode ajudar bastante a resolver problemas.

Obviamente, existem muitas outras habilidades possíveis que podem ajudar no bom atendimento ao cliente. Essas são, no entanto, provavelmente as mais essenciais e um bom caminho para garantir que seus clientes se sintam ouvidos e validados e que suas necessidades sejam atendidas: a chave para um bom relacionamento de longo prazo.

HABILIDADE 9: NEGOCIAÇÃO

Com a ascensão das máquinas no mercado e a consequente automação do trabalho, as habilidades sociais serão mais importantes do que nunca no futuro. De acordo com o relatório, mesmo pessoas com cargos técnicos em breve deverão mostrar mais empenho em suas habilidades interpessoais. A capacidade de negociar com colegas, gestores, clientes e equipes estará no alto da lista de habilidades desejáveis.

O que é negociação?

Negociação é um método pelo qual as pessoas resolvem diferenças. É um processo pelo qual o acordo é alcançado, evitando discussões e disputas.

Em qualquer desacordo, os indivíduos visam, de maneira compreensível, alcançar o melhor resultado possível para sua posição (ou talvez para uma organização que representam). No entanto, os princípios da justiça, buscando benefícios mútuos e mantendo um relacionamento, são as chaves para um resultado bem-sucedido.

Formas específicas de negociação são usadas em muitas situações: assuntos internacionais, sistema legal, governo, disputas industriais ou relações domésticas como exemplos. No entanto, habilidades gerais de negociação podem ser aprendidas e aplicadas em uma ampla gama de atividades. As habilidades de negociação podem ser de grande benefício para resolver quaisquer diferenças que surjam entre você e os outros.

Etapas da negociação

Para alcançar um resultado desejável, pode ser útil seguir uma abordagem estruturada da negociação. Por exemplo, em uma situação de trabalho, pode ser necessário organizar uma reunião na qual todas as partes envolvidas possam se reunir.

O processo de negociação inclui as seguintes etapas:

1 - Preparação;
2 - Discussão;
3 - Esclarecimento de objetivos;
4 - Negocie em direção a um resultado ganha-ganha;
5 - Acordo;
6 - Implementação de um curso de ação.

1 - Preparação

Antes de qualquer negociação, é necessário tomar uma decisão sobre quando e onde será realizada uma reunião para discutir o problema e quem comparecerá. Definir uma escala de tempo limitada também pode ser útil para impedir que o desacordo continue.

Esse estágio envolve garantir que todos os fatos pertinentes da situação sejam conhecidos, a fim de esclarecer sua própria posição. No exemplo de trabalho anteriormente citado, isso incluiria conhecer as "regras" da sua organização, a quem é prestada ajuda, quando a ajuda não é considerada adequada e os motivos para tais recusas. Sua organização pode muito bem ter políticas que você pode consultar em preparação para a negociação. A preparação da empresa antes de discutir o desacordo ajudará a evitar mais conflitos e desperdiçar desnecessariamente tempo durante a reunião.

2 - Discussão

Durante esse estágio, indivíduos ou membros de cada lado apresentam o caso como o veem, ou seja, sua compreensão da situação.

As principais habilidades nesta etapa incluem questionar, ouvir e esclarecer. Às vezes, é útil fazer anotações durante o estágio de discussão para registrar todos os pontos apresentados, caso haja necessidade de esclarecimentos adicionais. É extremamente importante ouvir, pois quando ocorrem discordâncias, é fácil cometer o erro de falar demais e ouvir muito pouco. Cada lado deve ter a mesma oportunidade de apresentar seu caso.

3 - Metas esclarecedoras

A partir da discussão, os objetivos, interesses e pontos de vista de ambos os lados do desacordo precisam ser esclarecidos. É útil listar esses fatores em ordem de prioridade. Por meio desse esclarecimento, muitas vezes é possível identificar ou estabelecer alguns pontos em comum. O esclarecimento é uma parte essencial do processo de negociação, sem a probabilidade de ocorrerem mal-entendidos que podem causar problemas e barreiras para alcançar um resultado benéfico.

4 - Negocie em direção a um resultado ganha-ganha

Esse estágio se concentra no que é chamado de resultado "ganha-ganha", onde ambos os lados sentem que obtiveram algo positivo por meio do processo de negociação e ambos consideram que seu ponto de vista foi levado em consideração e atendido. O "ganha-ganha" é geralmente o melhor resultado. Embora isso nem sempre seja possível, por meio de negociação, esse deve ser o objetivo final. Sugestões de estratégias e compromissos alternativos precisam ser considerados nesse momento. Compromissos são frequentemente alternativas positivas, que muitas vezes podem alcançar maiores benefícios para todos os envolvidos, em comparação com a manutenção nas posições originais.

5 - Acordo

O acordo pode ser alcançado uma vez que a compreensão dos pontos de vista e dos interesses de ambos os lados tenha sido considerada.

É essencial que todos os envolvidos mantenham a mente aberta para alcançar uma solução aceitável. Qualquer acordo precisa ser perfeitamente claro para que ambos os lados saibam o que foi decidido.

6 - Implementando um curso de ação

A partir do acordo, um curso de ação deve ser implementado para realizar a decisão.

Falha em concordar

Se o processo de negociação for interrompido e o acordo não puder ser alcançado, será necessário agendar novamente uma nova reunião. Isso evita que todas as partes se envolvam em discussões ou discussões acaloradas, que não apenas fazem perder tempo, mas também podem prejudicar relacionamentos futuros.

Na reunião subsequente, as etapas da negociação devem ser repetidas. Quaisquer novas ideias ou interesses devem ser levados em consideração e a situação analisada novamente. Nesse estágio, também pode ser útil procurar outras soluções alternativas ou trazer outra pessoa para mediar.

Negociação informal

Há momentos em que é necessário negociar de maneira mais informal. Nesses momentos, quando surge uma diferença de opinião, pode não ser possível ou apropriado percorrer os estágios estabelecidos anteriormente de maneira formal.

No entanto, lembrar os pontos chaves nos estágios da negociação formal pode ser muito útil em várias situações informais.

Em qualquer negociação, os três elementos a seguir são importantes e provavelmente afetarão o resultado final da negociação:

1 - Atitudes.
2 - Conhecimento.
3 - Habilidades interpessoais.

1 - Atitudes

Toda negociação é fortemente influenciada por atitudes subjacentes ao processo em si, por exemplo, atitudes em relação às questões e personalidades envolvidas no caso particular ou atitudes ligadas às necessidades pessoais de reconhecimento.

Esteja sempre ciente de que:

» A negociação não é uma arena para a realização de feitos individuais.

» Pode haver ressentimento da necessidade de negociar por quem tem autoridade.

» Certas características da negociação podem influenciar o comportamento de uma pessoa, por exemplo, alguns podem ficar na defensiva.

2 - Conhecimento

Quanto mais conhecimento você possuir dos problemas em questão, maior será sua participação no processo de negociação. Em outras palavras, uma boa preparação é essencial.

Faça sua lição de casa e colete o máximo de informações possível sobre os problemas.

Além disso, a maneira como as questões são negociadas deve ser entendida, pois a negociação exigirá diferentes métodos em diferentes situações.

3 - Habilidades interpessoais

Boas habilidades interpessoais são essenciais para negociações efetivas, tanto em situações formais quanto em negociações menos formais ou individuais.

Essas habilidades incluem:
» Comunicação verbal eficaz.
» Ouvir.
» Reduzir mal-entendidos é uma parte essencial da negociação eficaz.
» Construção de relacionamento.
» Solução de problemas.
» Tomando uma decisão.
» Assertividade.
» Lidar com situações difíceis.

A abordagem "ganha-perde" da negociação

Às vezes, a negociação é vista em termos de "fazer do seu jeito", "conduzir uma barganha" ou "derrotar a oposição". Embora, a curto prazo, a negociação possa alcançar os objetivos de um lado. Isso significa que, enquanto um lado vence, o outro perde, e esse resultado pode prejudicar os relacionamentos futuros entre as partes. Também aumenta a probabilidade de rompimento de relacionamentos, de pessoas saindo ou se recusando a lidar com os "vencedores" novamente e o processo terminando em uma disputa amarga.

A negociação "ganha-perde" é provavelmente a forma mais familiar de negociação empreendida. Os indivíduos decidem o que querem, então cada lado assume uma posição extrema, como pedir ao outro lado muito mais do que eles esperam obter.

Por neio da negociação, da concessão e da realização de concessões, é alcançado um compromisso, e a esperança de cada lado é que esse compromisso seja a seu favor.

Um exemplo típico é discutir sobre o preço de um carro:
— "Quanto quer por esse carro?"
— "Eu quero R$ 20.000,00."
— "Eu vou dar 15.000."
— "Você deve estar brincando."
— "Bem, 15.000,00, esse é o meu limite."

Ambas as partes precisam de boas habilidades de assertividade para poder trocar ou pechinchar efetivamente. Embora essa forma de negociação possa ser aceitável no mercado de carros usados e até esperada em algumas culturas, na maioria das situações ela apresenta desvantagens. Essas desvantagens podem ter sérias consequências se aplicadas a situações sociais.

Por exemplo, a negociação "ganha-perde":

» Pode servir para transformar a negociação em uma situação de conflito e pode prejudicar qualquer possível relacionamento de longo prazo.

» É essencialmente desonesto – ambos os lados tentam esconder suas opiniões reais e enganar o outro.

» É menos provável que se chegue a um acordo, já que cada lado assumiu um compromisso público com uma posição específica e sente que deve defendê-la, mesmo sabendo que essa é uma posição extrema.

Embora existam momentos em que a negociação é um meio adequado para chegar a um acordo, como na compra de um carro usado, geralmente é preferível uma abordagem mais sensível.

A abordagem "ganha-ganha" da negociação

Muitos negociadores profissionais preferem apontar para o que é conhecido como solução "ganha-ganha". Isso envolve procurar resoluções que permitam a ambos os lados ganhar. Em outras palavras, os negociadores buscam trabalhar juntos para encontrar uma solução para suas diferenças que resulte em satisfação de ambos os lados.

Os principais pontos, ao apontar para um resultado "ganha-ganha", incluem:

- » Concentrar-se em manter o relacionamento: "separar as pessoas do problema".
- » Concentrar-se em interesses, não em posições.
- » Gerenciar uma variedade de opções que oferece ganhos para ambas as partes antes de decidir o que fazer.
- » Procurar que o resultado seja baseado em um padrão objetivo.
- » Concentrar-se em manter o relacionamento.

Separe as pessoas do problema

Desacordos e negociações raramente são pontuais. Em momentos de desacordo, é importante lembrar que você pode ter que se comunicar com as mesmas pessoas no futuro. Por esse motivo, vale sempre a pena considerar se "vencer" uma questão específica é mais importante do que manter um bom relacionamento. Com demasiada frequência, o desacordo é tratado como uma afronta pessoal. Rejeitar o que um indivíduo diz ou faz é visto como rejeição da pessoa. Por causa disso, muitas tentativas de resolver diferenças degeneram em batalhas pessoais ou lutas de poder com os envolvidos, ficando com raiva, magoados ou chateados.

Lembre-se de que a negociação consiste em encontrar uma solução agradável para um problema, não uma desculpa para prejudicar os outros; portanto, para evitar que a negociação se transforme em argumento, é útil separar conscientemente os problemas sob disputa das pessoas envolvidas. Por exemplo, é bem possível manter as pessoas em profundo respeito, gostar delas, respeitar seu valor, seus sentimentos, valores e crenças, e ainda discordar do ponto específico que estão fazendo. Uma abordagem valiosa é continuar a expressar consideração positiva por um indivíduo, mesmo quando discordar do que ele está dizendo.

A seguir, exemplos de declarações que podem ser usadas por um bom negociador:

"Você expressou seus pontos com muita clareza e agora posso apreciar sua posição. No entanto..."

"Está claro que você está muito preocupado com esse problema, assim como eu. No entanto, do meu ponto de vista..."

Outra maneira de evitar o confronto pessoal é evitar culpar a outra parte por criar o problema. É melhor falar em termos do impacto que o problema está causando pessoalmente, ou na organização ou situação, em vez de apontar erros.

Em vez de dizer:
"Você está me fazendo perder muito tempo continuando com esse argumento", o mesmo ponto pode ser apresentado assim:

"Não sou capaz de gastar muito tempo com esse problema. Gostaria de saber se há alguma maneira de resolvê-lo rapidamente".

Ao não permitir que "desentendimentos sobre questões" se tornem "desentendimentos entre pessoas", um bom relacionamento pode ser mantido, independentemente do resultado da negociação.

Foco em interesses, não posições

Em vez de focar na posição declarada do outro lado, considere os interesses subjacentes que eles possam ter. Quais são as suas necessidades, desejos e medos? Isso nem sempre pode ser óbvio pelo que dizem. Ao negociar, os indivíduos geralmente parecem estar mantendo um ou dois pontos dos quais não se moverão.

Levam em consideração as necessidades, desejos, preocupações e emoções individuais. Muitas vezes, existem várias maneiras de satisfazer interesses, enquanto as posições tendem a se concentrar em apenas uma solução.

Embora frequentemente as posições sejam opostas, os indivíduos ainda podem ter interesses comuns sobre os quais podem construir.

A maioria das pessoas tem uma necessidade subjacente de se sentir bem consigo mesma e resistirá fortemente a qualquer tentativa de negociação que possa prejudicar sua autoestima. Muitas vezes, a necessidade de manter sentimentos de valor próprio é mais importante do que o ponto específico de discordância. Portanto, em muitos casos, o objetivo será encontrar uma maneira de permitir que ambos os lados se sintam bem consigo mesmos, sem perder de vista os objetivos.

Outro ponto importante é que as decisões não devem ser impostas a outras pessoas. Isso é uma negociação. Ambos os lados se sentirão muito mais comprometidos com uma decisão se sentirem que isso é algo que ajudaram a criar e que suas ideias e sugestões foram levadas em consideração. É importante expressar claramente suas próprias necessidades, desejos e vontades que gerem uma variedade de opções que ofereçam ganhos para ambos os lados.

Os bons negociadores gastam tempo encontrando várias maneiras de atender aos interesses de ambos os lados, em vez de atender apenas aos interesses próprios e discutindo as possíveis soluções. Tendo identificado e trabalhado para atender aos interesses compartilhados, muitas vezes é inevitável que algumas diferenças permaneçam.

Evitando mal-entendidos nas negociações

Como em qualquer processo de comunicação, é possível que ocorram mal-entendidos nas negociações, e eles são um motivo comum para que as negociações desmoronem. O mal-entendido é uma causa comum de quebra das negociações. Tais avarias podem ocorrer devido a diferenças de ponto de vista, antecedentes ou culturas, bem como a muitos outros fatores. Especialmente nas negociações, é possível não "ouvir" o que os outros pretendem dizer devido à falta de assertividade por parte da outra pessoa ou à escuta ineficaz.

Considere todos os pontos de vista

Durante a negociação, muito tempo pode ser gasto no estabelecimento dos fatos. No entanto, deve-se perceber que os "fatos" tendem a fornecer outra área sobre a qual discordar, porque as pessoas podem ver a mesma situação e eventos de maneiras completamente diferentes. As preocupações de outra pessoa, mesmo que totalmente infundadas, ainda são preocupações reais e precisam ser levadas em consideração.

Os conflitos geralmente surgem devido a diferenças nos pontos de vista pessoais. Lembre-se de que aceitar e entender o ponto de vista de outra pessoa não implica concordância com esse ponto de vista. Pelo contrário, mostra respeito pela pessoa e o desejo de trabalhar junto com ela para encontrar uma solução mutuamente satisfatória.

Da mesma forma, é útil incentivar a outra pessoa a entender seu ponto de vista. Uma discussão aberta, honesta e aceitadora das diferenças de perspectiva geralmente ajudará a esclarecer os problemas e fornecer o caminho a seguir para uma resolução.

Habilidades de persuasão e influência

Uma parte essencial de ser capaz de negociar com sucesso é ser capaz de persuadir e influenciar os outros. Desenvolver uma solução "ganha-ganha" envolve muito mais do que simplesmente colocar uma oferta na mesa e esperar a resposta do outro lado. Ser capaz de defender com sucesso sua sugestão e convencer os outros de seus méritos é essencial.

Maneiras de influenciar e persuadir

Todos conhecemos pessoas que pretendem persuadir conversando constantemente. Elas parecem pensar que podem transformar os outros em submissão, simplesmente reiterando constantemente seu ponto de vista. Isso é basicamente irritante. E às vezes funciona, é claro, porque seus colegas ou familiares cedem apenas para obter um pouco de paz. Mas, como regra geral, outros persuadidos dessa maneira provavelmente não aceitaram a ideia e não estão comprometidos com ela. Isso significa que, quando as coisas ficam difíceis, a ideia pode facilmente murchar e morrer.

Coerção

Outros recorrem ao poder de sua posição e ordenam que outros façam o que querem. Isso, no seu sentido mais desagradável, é coerção. Novamente, a família ou os colegas não vão gostar necessariamente do que estão fazendo. Se for difícil, eles podem desistir. Mais pedidos serão emitidos, para resgatar a ideia, mas, novamente, podem não ter êxito, porque os envolvidos estão fazendo isso porque precisam, e não porque querem.

Uma maneira melhor

O "Santo Graal" da persuasão, então, é convencer os outros a aceitar a ideia e querer fazer do seu jeito. E a melhor maneira de fazer isso é de uma maneira que os outros não percebam. Mas como?

A fábula do sol e do vento é um bom exemplo:

O vento e o sol decidiram fazer uma competição para decidir de uma vez por todas quem era mais forte. Eles concordaram que o vencedor seria aquele que poderia convencer um homem a tirar o casaco. O vento soprava e soprava, mas o homem só segurava com mais força o casaco. Então o sol brilhou suavemente e, em poucos minutos, o homem tirou o casaco.

A moral aqui é que você não pode forçar alguém a fazer o que não quer; em vez disso, a arte da persuasão é fazê-los querer o que você deseja.

HABILIDADE 10: FLEXIBILIDADE COGNITIVA

Em resumo, a flexibilidade cognitiva envolve ampliar as maneiras de pensar. Envolve imaginar diferentes caminhos para resolver os problemas que surgem diante de nós. A habilidade compreende expandir os interesses pessoais e profissionais, sair da zona de conforto e se relacionar com pessoas que desafiam suas visões de mundo. Portanto, quanto mais flexível uma pessoa é, mais facilmente ela será capaz de enxergar novos padrões e fazer associações únicas de ideias. Em síntese, é esse tipo de atitude que as empresas do futuro aguardarão ansiosamente.

O pensamento flexível permite encontrar maneiras de resolver problemas, ser capaz de ver as coisas de maneiras diferentes ajuda a desenvolver estratégias diferentes.

Ela usa o exemplo de um baralho de cartas para explicar a flexibilidade cognitiva. Uma criança pode ordenar as cartas de várias maneiras: por cor, número ou naipe. A capacidade de ver as diferentes maneiras de fazer as coisas e entender quando certas opções são melhores exibe flexibilidade cognitiva.

Usamos flexibilidade cognitiva diariamente, mesmo que principalmente em um nível micro.

A capacidade de flexibilidade cognitiva nos ajuda em vários pontos, como:

» A capacidade de se adaptar rapidamente a novas situações;
» A paciência para tolerar mudanças e aceitá-las como o novo normal;
» A capacidade de ver as coisas de vários pontos de vista e entender de onde as pessoas vêm.
» A força mental para passar de uma atividade para outra em vez de se concentrar intensamente em uma tarefa ou desafio.

As pessoas que demonstram força na flexibilidade cognitiva podem lidar facilmente com as transições, podem alternar entre assuntos e tarefas com facilidade e podem ter sucesso em tarefas que exigem que apliquem o aprendizado em uma solução de problemas em outro contexto.

A flexibilidade cognitiva faz parte da nossa natureza, mas também pode ser aprendida.

O que retém as pessoas do pensamento flexível?

Enquanto a maioria das pessoas pensa que pratica flexibilidade cognitiva, muitas experimentam vários bloqueios ou problemas que não reconhecem. O médico e psiquiatra Daniel G. Amen, autor de *Mude seu cérebro, mude suas notas*, diz que a área do cérebro conhecida como giro cingulado anterior costuma ser hiperativa em pessoas com baixa flexibilidade cognitiva. Simplificando, o ACG é a parte do cérebro usada para mudar a atenção.

Quando o ACG funciona bem, nos permite focar em algo, deixar ir e depois mudar para focar em outro, no entanto, quando está hiperativo, há uma tendência de as pessoas ficarem presas.

Na prática, "ficar preso" significa tornar-se mais argumentativo, preocupante, dizer automaticamente "não" às coisas e ficar chateado quando algo não acontece do seu jeito. A pessoa pode não perceber que está presa, mas seu cérebro está enviando todos os tipos de sinais de alerta sobre um tópico ou situação.

Saga Briggs, pesquisadora que escreve sobre modelos cognitivos de pedagogia da escrita, explicou vários fatores que podem desafiar nossa flexibilidade cognitiva e limitar a maneira como pensamos sobre os problemas, esses incluem:

Viés de confirmação

Moldamos as informações que nos foram fornecidas para corresponder à nossa visão de mundo ou buscamos informações com as quais concordamos, à medida que envelhecemos, às vezes nos fixamos em nossa maneira de pensar e lutamos para nos agarrar a ideias verdadeiramente novas. Tendemos a moldá-las para corresponder às informações que já conhecemos e, portanto, perdemos a parte realmente valiosa do aprendizado.

Memória

Se você está resolvendo um problema, pode escolher o caminho óbvio ou pode se lembrar de um desafio semelhante de seu passado ou de uma história que um amigo contou a você sobre como resolver um desafio semelhante ou algo que você viu em um filme. O ato de usar uma memória de um passado para resolver um problema atual – não porque você já encontrou esse problema antes, mas porque é capaz de fazer uma conexão entre essa e outra (detectar um padrão) –, essa capacidade está no coração da flexibilidade cognitiva.

É o mesmo processo em que você ouve a história de alguém e responde com a sua, reconhecendo um tema semelhante. Isso é mais difícil do que parece. Você pode ter uma história melhor e mais relevante – mas não se lembra dela no momento. Melhorar sua capacidade de lembrar isso aumentaria a flexibilidade cognitiva. Assim como melhorar sua capacidade de recordar fatos/coisas relevantes que você leu quando alguém menciona um tópico específico na conversa.

Para pensar com flexibilidade, você deve poder usar várias reservas de conhecimento e memória para se envolver com uma tarefa ou problema. Você precisa ter a capacidade de se aprofundar no passado e não apenas tirar suas reservas imediatas, o que exige uma memória declarativa muito boa. Ser capaz de ver todas as experiências relevantes ou pequenas porções de conhecimento de uma só vez e escolher a melhor resposta com base em todas elas, mas a maioria de nós não consegue se lembrar o suficiente no momento... como podemos melhorar essa função?

"Lembramos as coisas porque elas se destacam, se relacionam e podem ser facilmente integradas em nossa base de conhecimento existente, ou é algo que recuperamos, recontamos ou usamos repetidamente ao longo do tempo", explica Sean Kang, PhD, professor-assistente do Departamento de Educação do Dartmouth College.

Miopia

Você conhece esse ponto de uma conversa quando começa a pensar: "Isso é chato, conversa fiada, coisas sobre as quais falamos antes"? A flexibilidade cognitiva é capaz de flexionar um músculo cerebral, afastar as cortinas e olhar pela janela em direção a um tópico de conversa mais interessante. Muitos de nós simplesmente ficam no lago do moinho ou vão mais longe na toca do coelho, em vez de recuar e tentar influenciar as coisas em uma direção mais interessante. A maioria de nós simplesmente segue o fluxo, o que é bom. Mas a verdadeira flexibilidade cognitiva estaria direcionando esse fluxo de uma maneira que é valiosa para você e seus colegas participantes. Ser capaz de julgar o que você sabe que poderia ser mais útil, para as pessoas com quem você está conversando naquele momento, é flexibilidade cognitiva.

Baixa inibição latente

Inibição latente é o nome dado para o fato de que levamos mais tempo para prescrever significado a um estímulo familiar do que a um novo estímulo. Por exemplo, podemos passar pelas mesmas casas em nossa rua todos os dias e prescrever pouco significado a eles, a menos que nossa atenção seja atraída por um motivo específico. Isso é normal e permite que nosso cérebro ignore informações antigas, para que possa se concentrar em novas informações. Algumas pessoas, no entanto, possuem o que chamamos de baixa inibição latente, o que significa que têm mais dificuldade em colocar essas casas na categoria de "informações antigas" e seguir em frente. Indivíduos com autismo tornam-se facilmente dominados por estímulos que outras pessoas consideram familiares. Poetas, escritores e outros artistas também tendem a se envolver nos detalhes das coisas.

Gargalo de informações

Às vezes, nossa flexibilidade cognitiva sofre porque temos tanta coisa em mente ou tanta informação ou experiência armazenada em nossa reserva de conhecimento que ocorre um gargalo. Como cubos de gelo bloqueando o fluxo de água de uma garrafa, as possíveis informações que poderíamos trazer para uma situação são tão grandes que nada vem à mente. Vamos oferecer algumas maneiras de superar esse fenômeno na próxima seção.

Pensamento rígido

O pensamento rígido é o oposto da flexibilidade cognitiva. É o que define as condições mentais, como depressão e ansiedade: ficamos presos em um ciclo de ruminação e não conseguimos pensar nas coisas de uma maneira diferente. Tomar consciência do padrão de nossos próprios pensamentos é um grande passo à frente, vendo as coisas de um novo ângulo e nos sentindo mais positivos em relação ao mundo.

Reforço

Pensar é como caminhar: você deixa uma impressão aonde quer que vá, e o caminho se torna cada vez mais trilhado quanto mais você o percorre. As vias neurais são da mesma maneira. Nosso cérebro se lembra do que reforçamos em nossos caminhos neurais; portanto, se estamos usando os mesmos fatos ou contando as mesmas histórias o tempo todo, estamos marcando nossos caminhos neurais com eles, o que significa que podemos acabar repetindo a mesma história para a mesma pessoa e respondendo com menos flexibilidade cognitiva a situações e tarefas.

Seguimos os mesmos passos e tomamos as mesmas decisões do passado, porque são familiares e confortáveis.

Como melhorar a flexibilidade cognitiva?

1. **Preste atenção em seus pensamentos -** Para onde vai sua mente (ou não) quando você é chamado a compartilhar conhecimento ou experiência?
2. **Seja intencional -** Faça a si mesmo algumas perguntas: o que você quer saber? Sobre o que você quer falar?
3. **Crie categorias -** Crie categorias mentais para informações e situações com antecedência, para que você possa organizar sua experiência com mais facilidade. Ao ler as notícias, coloque as manchetes dos artigos em categorias mentais, como meio ambiente, política e artes, entre outras, para que você possa acessar facilmente as informações mais tarde.
4. **Alinhe as dicas de codificação e recuperação -** Pense no significado funcional das informações, em que contexto você as aplicará e que o ajudará a se lembrar delas

quando precisar. "A principal razão pela qual as *startups* falham não é o fluxo de caixa, mas o fato de as pessoas não quererem o produto".

5. **Grave sua experiência -** Faça um despejo cerebral. A pesquisa diz que, se descarregamos nossas preocupações, liberamos mais espaço em nosso cérebro para pensar em outras coisas ao longo do dia, promovendo maior flexibilidade.

6. **"Se você entender, vai se lembrar" -** Um amigo me contou essa recentemente e acho que há muita verdade nisso. Muitas vezes, temos problemas para lembrar conceitos, porque não os entendemos tão bem quanto pensávamos.

7. **Exercício físico -** Depois de apenas 20 minutos de exercício intensivo, seu cérebro libera dopamina, serotonina, opióides, endorfinas, neurotróficos e endocanabinóides – substâncias químicas que permitem que o corpo e o cérebro aprendam e cresçam. Por razões evolutivas, o corpo está preparado para aprender durante o exercício. O exercício também melhora o foco e diminui a ansiedade. Com o tempo, estabiliza o humor, aumenta o tamanho do hipocampo e promove a neurogênese. Todas essas coisas aumentam a flexibilidade cognitiva.

8. **Aprenda novas habilidades -** Aprender novas habilidades promove flexibilidade mental. Tente pegar um instrumento musical, uma nova língua estrangeira ou aprender um novo jogo.

9. **Agite sua rotina -** Para manter a mente afiada e flexível, introduza coisas novas em sua rotina. Novos estímulos promovem flexibilidade mental porque forçam seu cérebro a se adaptar rapidamente. Viajar é ótimo para isso, mas você também pode simplesmente pegar uma nova rota para casa do trabalho ou dar um passeio em um bairro que você nunca havia explorado antes. Ocasionalmente, cercar-se de pessoas diferentes de você também é uma boa maneira de impulsionar seu cérebro a fazer novas conexões.

10. **Cultive humor -** O raciocínio rápido é um sinal de flexibilidade cognitiva. Quando fazemos uma piada, significa que somos capazes de dar um passo atrás e ver a imagem maior em vez de nos envolvermos com o significado literal da situação. Encontrar o humor em uma variedade de situações é um exercício de pensamento flexível.

O profissional do futuro

Diante de tudo que já vimos até aqui, identificamos que o profissional, além de ter as habilidades técnicas, terá que focar em desenvolver algumas habilidades comportamentais, pois serão elas que irão nos diferenciar das máquinas, uma vez que a inteligência artificial e os robôs serão capazes de aprender qualquer habilidade técnica ou repetitiva que temos hoje, mas não há indícios que poderiam desenvolver suas habilidades comportamentais. O profissional do futuro, para ser bem-sucedido, vai ter que saber como pensar e não mais o que pensar, a maioria das escolas e universidades de hoje nos ensina o que pensar e não como pensar, crescemos ouvindo de nossos pais, nossos professores, nossos chefes e sociedade em geral o que era certo e o que era errado, e diante de um modelo linear industrial, se fizéssemos o que era certo, tínhamos uma chance muito grande de sermos bem-sucedidos, porém esse modelo linear que nos trouxe até aqui não será capaz de nos conduzir à era digital, pois nessa era decorar nomes e fórmulas já não fazem mais sentido nenhum, pois as respostas já estão prontas na *Internet*, isso não quer dizer que não temos que nos desenvolver tecnicamente, nós vamos sim ter que desenvolver as habilidades técnicas, porém a chance delas estarem ligadas à tecnologia é enorme e isso muda o jeito de executarmos nossas tarefas, e a velocidade vai ser tão grande que essas habilidades técnicas terão um prazo de validade muito curto, em outras palavras, o profissional do futuro vai ter que aprender a se reinventar a cada dia.

É claro que tudo isso são possibilidades, mas independentemente do que vai acontecer no futuro, nós humanos estamos ficando cada vez melhores em compreender o cérebro e a inteligência, mas estamos evoluindo cada vez menos nossa consciência. As pessoas confundem inteligência e consciência, a inteligência é a capacidade de resolver problemas, e a consciência é a capacidade de sentir, estamos criando inteligência artificial, mas não estamos criando consciência artificial, como vimos, no ano de 2030 um computador vai se tornar tão inteligente quanto nós seres humanos, e que em 2045 um único computador vai ser mais inteligente que toda humanidade junta, porém não há nenhum indício de que esses computadores ou robôs vão se tornar conscientes, eles não vão poder sentir, e se é isso que vai nos diferenciar, nós precisamos começar a desenvolver mais nossa consciência, estamos cada vez mais preocupados em desenvolver nosso externo e esquecendo de olhar para dentro de nós mesmos, cada vez mais é cobrado que sejamos os melhores profissionais, os mais bem-sucedidos, os mais competitivos, os mais inteligentes, mas não nos é ensinado a lidar com nossas emoções; se não entendermos que a felicidade não está em ter, mas sim em ser, vamos continuar criando mais robôs humanos, pois não é preciso ser um robô para agir como um. Então, hoje, quando penso quem será o profissional do futuro, entendo que vai ser a pessoa que conseguir desenvolver habilidades técnicas e comportamentais e, principalmente, equilibrar tudo isso dentro de si mesmo. O profissional do futuro nada mais é que o ser humano do futuro.

As profissões que estarão em alta nos próximos anos

Um dos elementos que devemos considerar ao escolher um curso no vestibular é se a profissão será valorizada no mercado de trabalho. E é importante saber também qual será a situação daquela carreira no futuro próximo. Isso porque entre você entrar na faculdade e sair dela podem se passar de dois e seis anos. E, durante esse tempo, o cenário pode mudar! É comum que em alguns anos o mercado de trabalho seja um pouco diferente, com uma nova geração de profissionais ocupando cargos que antes nem existiam. Ao mesmo tempo, há aquelas profissões tradicionais que podem continuar em alta.

O LinkedIn, a rede social para o mercado de trabalho, revelou um levantamento de "profissões emergentes". Entre os 15 cargos mapeados pela rede, nove estão ligados à área de Tecnologia da Informação. O relatório foi feito com os dados de usuários com perfil público e que tenham ocupado um ou mais cargos nos últimos cinco anos no Brasil.

1. **Gestor de Mídias Sociais;**
2. **Engenheiro de Ciber Segurança;**
3. **Representante de Vendas;**
4. **Especialista em Sucesso do Cliente;**
5. **Cientista de Dados;**
6. **Engenheiro de Dados;**
7. **Especialista em Inteligência Artificial;**
8. **Desenvolvedor em Java Script;**
9. **Investidor** *Day Trader;*
10. **Vendedor de Serviços;**
11. **Consultor de Investimentos;**
12. **Assistente de Mídias Sociais;**
13. **Desenvolvedor de Plataforma;**
14. **Recrutador Especialista em Tecnologia;**
15. *Coach* **de Metodologia Agile.**

> "Há muitos caminhos para alavancar sua carreira com a inteligência artificial. Qual é o seu?"
> (Bill Gates)

Conclusão

À medida que nosso mundo se torna vivo com dispositivos inteligentes e novas mídias imersivas, podemos compartilhar nossos sonhos com os outros, temos a oportunidade de criar um mundo mais equilibrado, agradável, e ganhar mais qualidade de vida. Podemos nos tornar indivíduos melhores, capacitados com novas tecnologias que aprimoram nossas habilidades cognitivas, aumentam nossa produtividade e potencialmente ajudam a equilibrar trabalho e vida para todos. Nossas cidades podem se tornar mais conectadas, eficientes, sustentáveis e habitáveis.

Porém, para passar do que é possível para o que é provável, se exigirá um novo nível de parceria entre pessoas e máquinas. Também serão exigidos novos relacionamentos, sistemas e alianças entre indivíduos, organizações e governos. Afinal, são as pessoas, e não as máquinas, as principais responsáveis pela construção de uma nova infraestrutura que sirva à causa do progresso humano universal. O avanço tecnológico ajudará a melhorar nossas vidas de inúmeras maneiras, mas a tecnologia não é a única força que molda o futuro. Forças sociais e econômicas também criam novas oportunidades e desafios. Navegar nesses sistemas complexos para o benefício de todos exigirá previsão, imaginação e coragem. Portanto, enquanto este livro apresenta uma visão para o futuro da tecnologia, destaca também o que nos separa das nossas máquinas e pede que comemoremos o que realmente significa ser humano. Enfim, precisamos ser os seres HUMANOS do futuro.

Fim ou começo de O Novo Normal.

Referências

(2020) *Skills You Need.* Disponível em: <skillsyouneed.com>.
(2020) AI VS. LAWYERS: THE ULTIMATE SHOWDOWN. Disponível em: <https://www.lawgeex.com/resources/whitepapers/aivslawyer/>.
(2019) WORLD ECONOMIC FORUM. *The Future of Jobs: Employment, Skills and Workforce Strategy for the Fourth Industrial Revolution.*
(2019) *Navigating the Geography of Change: Thirteen Skills to Master on the Path to Exponential Leadership.*
(2019) *The Future Skills Report International Delphi Survey.*
(2019) *Trends Shaping Education*, 2019. OECD Publishing, Paris.
(2019) *Profissões emergentes.* Disponível em: <https://business.linkedin.com/content/dam/me/business/en-us/talent-solutions/emerging-jobs-report/Emerging_Jobs_Report_Brazil.pdf>.
(2019) *Institute for the Future for Dell Technologies.* All rights reserved. All trademarks are the property of their respective owners.
(2018) SINGULARITY UNIVERSITY. *Report singularity university predictions until 2038.*
(2018) *Center for the Future of Work.*
(2018) *A Brave New World: Technology and Education.* Trends Shaping Education.
(2018). *The Future of Education and Skills.* Education 2030. Position Paper. Retrieved online.
(2018) *Will robots really steal our jobs?* An international analysis of the potential long-term.
(2018) Philip Sparks, *The Route to a Trillion Devices: The Outlook for IoT.*
(2018) Lawson, *Reward Work, Not Wealth*, Oxfam International, January. Disponível em: <https://oxfamilibrary.openrepository.com/bitstream/handle/10546/620396/bp-reward-work-not-wealth-220118-en.pdf?sequence=29&isAllowed=y>.

(2018) DELL TECHNOLOGIES RESEARCH. *Digital Transformation Index*, conducted by Vanson Bourne, field work completed in August 2018. Disponível em: <http://www.delltechnologies.com/DTIndex>.

(2018) DIAMANDIS, Peter; KOTLER, Steven. *Bold: como crescer, criar riqueza e impactar o mundo.* Alta Books Editora.

(2018) AMERICAN SOCIETY FOR TRAINING & DEVELOPMENT. *Upskilling and Reskilling: Turning Disruption and Change into new capabilities*, ATD and I4cp.

(2017) *Future of Work and Skills.* 2nd Meeting of the G20 Employment Working Group. Hamburg. Retrieved online from: <http://www.oit.org/wcmsp5/groups/public/---europe/---ro-geneva/---ilo-berlin/documents/genericdocument/wcms_556984.pdf>.

(2017) *OECD Digital Economy Outlook 2017*. OECD Publishing, Paris. Disponível em: <https://doi.org/10.1787/9789264276284-en>.

(2017) *OECD Employment Outlook 2017*. OECD Publishing, Paris. Disponível em: <https://doi.org/10.1787/empl_outlook-2017-en>.

(2017) *Investment to 2035*, Arm Limited, June 2017.

(2007) CHIAVENATO, Idalberto. *Administração, teoria, processo e prática.* Elsever Editora.

(1883-1950) SCHUMPETER, Joseph A. *The Theory of Economic Development.*

Livro composto nas tipologias Noto Sans Condensed, Noto Sans Condensed Bold e OCR A Std. Impresso pela gráfica Impressul em novembro de 2020.